Carine Marret

Promenades littéraires sur la Côte d'Azur

Des lieux, des livres, des écrivains...

2e édition revue et augmentée

Mémoires Millénaires éditions

Sommaire

« Chère Méditerranée ! Que ta sagesse latine, si douce à la vie, me fut donc clémente et amicale, et avec quelle indulgence ton vieux regard amusé s'est posé sur mon front d'adolescent ! Je reviens toujours à ton bord, avec les barques qui ramènent le couchant dans leurs filets. J'ai été heureux sur ces galets. »

Romain Gary,
La Promesse de l'aube, Gallimard, 1960

« Je ne puis plus entrer dans le Sahara avec cette réserve derrière moi d'une salle de bains, d'une bibliothèque, d'une image de congé à Nice. »

Antoine de Saint-Exupéry,
« Lettre à Yvonne de Lestrange », *Œuvres complètes II*, Gallimard, collection Pléiade, 1999

Le Concept de l'Ouvrage

Beaucoup d'écrivains furent charmés par la douceur de vivre et les paysages de la Côte d'Azur. Ainsi est née l'idée de faire découvrir ou redécouvrir cette magnifique région, drapée d'une lumière nouvelle à travers leurs regards tantôt émerveillés, tantôt empreints de poésie, tantôt de mystère. Le ciel aux couleurs si profondes, les palmiers et les oliviers majestueux, la mer toujours scintillante et fascinante, les jardins verdoyants, les rues ombragées, les splendides édifices touchent le promeneur par les souvenirs, personnels ou universels, qu'ils évoquent en lui. Et qui mieux que l'écrivain sait rendre hommage à une existence oubliée, à une rencontre évanouie, à une histoire d'amour disparue ? Il éclaire les paysages d'une atmosphère romanesque et les constructions de pierre d'une mémoire flamboyante ou mélancolique. Voilà ce qui donne une âme à tous ces lieux, le souffle humain qui est venu un jour se poser sur eux pour un moment d'éternité.

Ce livre ne constitue pas une étude littéraire sur une certaine manière d'envisager la description des sites du Sud-Est de la France. Il s'agit d'un guide amoureux dont le seul but est de proposer de belles promenades en compagnie de quelques enchanteurs qui ont su lire à travers les lignes et révéler les secrets cachés dans un décor auquel ils étaient intimement attachés. Nous espérons que ces instantanés, présentés dans une nouvelle version revue et augmentée de l'édition 2010, vous donneront envie de suivre leurs traces et de vous replonger dans leurs œuvres qui, dans nos solitudes modernes et urbaines, nous apportent une chaleur aussi douce et précieuse que celle du soleil éclatant de la Côte d'Azur.

Vous retrouverez page 106 un index géographique qui vous permettra d'organiser des promenades dans une même ville, ou un même quartier, autour de différents auteurs.

GUILLAUME APOLLINAIRE

Poète, conteur, critique d'art et chroniqueur, Guillaume Apollinaire laisse une œuvre empreinte d'une puissante originalité créatrice. D'une part influencé par les auteurs symbolistes et d'autre part précurseur du surréalisme (c'est lui qui emploie le terme la première fois en signant un texte pour le programme de présentation du ballet Parade *de Jean Cocteau en 1917), l'auteur du célèbre poème* Le Pont Mirabeau *s'est appliqué à laisser la part belle à l'imagination et la spontanéité.*

Né d'une mère polonaise et de père inconnu, Guillaume Apollinaire grandit sur la Côte d'Azur. Il obtiendra la nationalité française en mars 1916.

En quelques mots

Guillaume Apollinaire n'a pas encore vingt ans lorsqu'il s'installe à Paris en 1899. Dès l'année suivante, il travaille comme nègre à l'élaboration de plusieurs chapitres du roman *Que Faire ?* d'Esnard, paru dans *Le Matin*. Il publie ses poèmes pour la première fois dans *La Grande France* en 1901 : *Lunaire, Épousailles, Ville et Cœur* sont signés de son nom Wilhelm Kostrowitzky. Il emprunte officiellement le pseudonyme de Guillaume Apollinaire lorsque paraît *L'Hérésiarque* dans *La Revue Blanche* en 1902. Libre de tout modèle artistique, il écrit ensuite des textes érotiques (*Les Onze Mille Verges* et *Les Exploits d'un jeune don Juan*, publiés sous le manteau), supprime la ponctuation dans *Alcools* alors que le recueil est en cours d'impression, puis livre en 1914 son premier poème calligrammatique, intitulé *Lettre-Océan*, dans *Les Soirées de Paris*.
Mais bientôt, la guerre éclate. Sur le front, il écrit de nombreuses lettres. Le 17 mars 1916, il est blessé à la tempe droite par un éclat d'obus qui a percé son casque. Il est alors évacué, opéré, trépané, puis cité à l'ordre du régiment, avec attribution de la Croix de Guerre. Après plusieurs mois de convalescence, il fréquente à nouveau le monde littéraire parisien. En mai 1918, il épouse Jacqueline Kolb, « la jolie rousse » de *Calligrammes*. Mais quelques mois plus tard, Guillaume Apollinaire est emporté par la grippe espagnole. Il a 38 ans.

« PETIT SPHINX CHARMANT DE L'EXPRESS DE NICE VILLE DE VICTOIRE »[1]

Le 1er janvier 1915, Guillaume Apollinaire fait la connaissance de Madeleine Pagès dans le train Nice – Nîmes. La « voyageuse diserte aux longs cils, au visage expressif »[2] a 22 ans et habite Lamur, à côté d'Oran. La conversation s'engage sur la poésie. Quelques mois plus tard, une correspondance suivie débute entre le poète alors sur le front et la jeune femme qu'il appelle sa « petite fée ». Les lettres deviennent de plus en plus enflammées, se teintent de sensualité lyrique puis d'érotisme pur. Le 10 août, Guillaume Apollinaire demande la main de Madeleine à sa mère. Les fiancés se retrouvent le temps d'une permission entre le 26 décembre et le 10 janvier 1916. Mais ensuite, le ton de leurs échanges, bien que toujours tendre, est plus réservé. Lorsque Guillaume Apollinaire est transporté à Paris pour être soigné de sa blessure de guerre, Madeleine souhaite le rejoindre, mais il l'en dissuade. Il lui adresse un dernier petit mot le 23 novembre 1916.

Poèmes à Lou

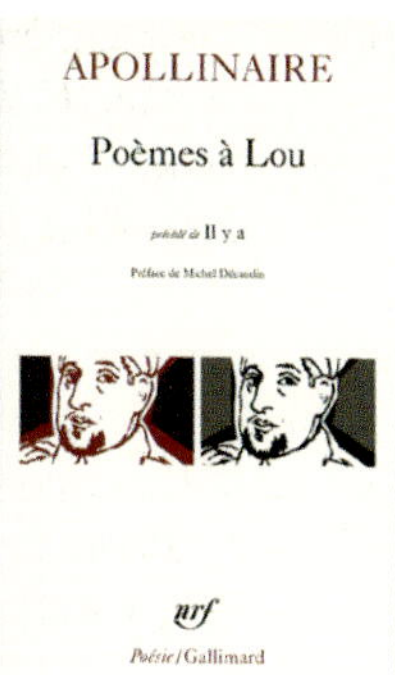

Lors d'un déjeuner à l'auberge Da Bouttau de Nice (rue Colonna d'Istria), Guillaume Apollinaire rencontre, le 27 septembre 1914, Louise de Coligny-Châtillon, une jolie femme de 33 ans, spirituelle, libertine, divorcée, mais d'abord peu sensible aux empressements du poète. Elle le suit pourtant à Nîmes, lorsqu'il part rejoindre son régiment. Ils deviennent alors amants. Cette semaine passée ensemble marque le point d'ancrage d'une relation aussi charnelle qu'incandescente. Ils se revoient ensuite lors d'une courte permission à Nice à la fin de l'année, puis une dernière fois à Marseille le 28 mars 1915, quelques jours avant le départ pour le front. Bien que leur histoire soit désormais achevée, Guillaume Apollinaire lui écrira jusqu'en janvier 1916. C'est de cette relation brève et ardente que sont nés les *Poèmes à Lou* :

« L'inimaginable tendresse
De ton regard paraît aux cieux
Mon lit ressemble à ta caresse
Par la chaleur puisque tes yeux
Au nom de Nice m'apparaissent »[3]

1 Guillaume Apollinaire, *Lettres à Madeleine* (10 juin 1915), Gallimard, 2005
2 Guillaume Apollinaire, *Lettres à Madeleine* (5 mai 1915), Gallimard, 2005
3 Guillaume Apollinaire, « Nos étoiles », 3 février 1915, *Poèmes à Lou*, Pierre Cailler, 1955

La Côte d'Azur de Guillaume Apollinaire

Guillaume Apollinaire passe une partie de son enfance et son adolescence sur la Côte d'Azur. La majeure partie de sa scolarité a lieu à Monaco. Et c'est à Nice qu'il profite de ses derniers mois de liberté avant de rejoindre son régiment en 1914. Il garde d'ailleurs de la ville un souvenir ému qu'il emportera plus tard avec lui sur le front : « Quelle magie, le vieux Nice, ses maisons génoises et le marché au bord du Paillon… Tenez cela me donne la nostalgie. »[4]

Monaco - le collège Saint-Charles

Guillaume Apollinaire arrive avec sa mère et son frère à Monaco en 1887.

« En face s'étendait la Méditerranée, calme et bleue par places comme si l'eau laissait transparaître d'énormes saphirs. Le Rocher de Monaco la pénétrait, massif et élevé, supportant de merveilleux jardins suspendus, et la cathédrale alors inachevée, dont le portail s'ouvre face à la mer. »[5]

Il entre bientôt au collège Saint-Charles (actuelle mairie) qu'il fréquentera jusqu'à la fermeture de l'institution en 1895. C'est dans la chapelle de l'établissement qu'il fait sa première communion le 8 mai 1892.

Pendant la guerre, il écrira : « J'étais en 5e et je commençais le grec, nous avions un professeur qui s'appelait Becker […]. C'est lui […] qui me poussa à faire de la littérature et (en dehors de lui) je fis cette année même et vers cette époque mes premiers vers […]. »[6]

***Mairie de Monaco,** Place de la Mairie*

Nice - 26 rue Cotta

L'annonce de la mobilisation générale survient le 31 juillet 1914. Dès le mois d'août, Guillaume Apollinaire signe une demande d'engagement à Paris. Sans réponse, et l'offensive allemande menaçant la capitale, il gagne Nice le 3 septembre. C'est à cette époque qu'il rencontre Lou :

« Mon Lou la nuit descend tu es à moi je t'aime
Les cyprès ont noirci le ciel a fait de même
Les trompettes chantaient ta beauté mon bonheur
De t'aimer pour toujours ton cœur près de mon cœur »[7]

---

4 Guillaume Apollinaire, *Lettres à Madeleine* (1er août 1915), Gallimard, 2005
5 Guillaume Apollinaire, *La Vie anecdotique*, Gallimard, 1955
6 Guillaume Apollinaire, *Lettres à Madeleine* (14 octobre 1915), Gallimard, 2005
7 Guillaume Apollinaire, *Poèmes à Lou*, Pierre Cailler, 1955

Il réside alors au 26, rue Cotta, actuelle rue Maréchal Joffre.
Cependant, la plaque qui rappelle ce séjour est située sur une toute autre façade, celle de l'immeuble qui abrite la banque du Crédit Lyonnais, sur le trottoir opposé, presque à la hauteur de l'avenue Jean Médecin.

Nice - 9 rue Palermo

Guillaume Apollinaire renouvelle sa demande d'engagement à Nice, au sein du bureau de recrutement situé au 9, rue Palermo. Elle est acceptée le 5 décembre 1914. Il est alors affecté au 38e Régiment d'Artillerie à Nîmes, qu'il rejoint aussitôt.

La rue Palermo s'appelle aujourd'hui la rue Alfred Mortier, du nom d'un journaliste et auteur dramatique que Guillaume Apollinaire connaissait et auquel il fait allusion dans une lettre adressée à Madeleine, en précisant qu'il est un homme de lettres connu et qu'il habite du côté de l'église russe.
Sur la façade de l'immeuble a été apposée une plaque où figure un extrait du poème « À Nîmes », toujours visible aujourd'hui :

« Je me suis engagé sous le plus beau des cieux
Dans Nice la Marine au nom victorieux »[8]

9 rue Alfred Mortier

8 Guillaume Apollinaire, « À Nîmes », *Calligrammes*, Mercure de France, 1918

Nice - le lycée

Après avoir été élève au collège Stanislas à Cannes, il entre au lycée de Nice (devenu aujourd'hui le lycée Masséna) en février 1897 : « Je me levais à 3h du matin pour faire mes devoirs, de cette façon j'avais ma soirée libre. »[9]
Il compose des poèmes qu'il signe du nom de Guillaume Apollinaire.

Lycée Masséna, 2 avenue Félix Faure

Nice - rue Guillaume Apollinaire

Nice a rendu hommage au poète en donnant son nom à une rue parallèle au boulevard Dubouchage, entre les avenues du Maréchal Foch et Désambrois.

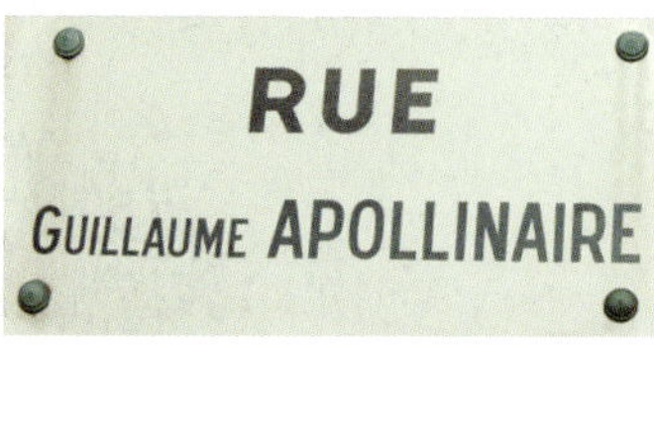

9 Guillaume Apollinaire, *Lettres à Madeleine* (14 août 1915), Gallimard, 2005
10 Guillaume Apollinaire, « Les Pèlerins piémontais », *L'Hérésiarque et Cie*, Stock, 1910

La Trinité - Notre-Dame de Laghet

Dans *L'Hérésiarque et Cie*, Guillaume Apollinaire évoque Notre-Dame de Laghet, haut lieu de pèlerinage depuis le XVIIe siècle. Il dépeint avec quelle ferveur les paysans, les demoiselles élégantes, les Anglais, et les groupes monégasques se pressent dans le cloître. Vers 10 heures, les Piémontais arrivent en psalmodiant. Les cloches sonnent alors. « Santa Maria », invoquent-ils, les yeux levés vers le ciel. Les moines rejoignent le chœur et unissent leurs voix aux chants italiens.

Les ex-voto sont nombreux en cet endroit : « Il y a là des tableaux de tous genres, le portrait seul n'y a point de place. Tous les envois sont exposés à perpétuité. Il suffit que la peinture commémore un miracle dû à l'intervention de Notre-Dame de Laghet. »[10]

Pour se rendre au sanctuaire à partir de Nice, emprunter l'autoroute A8 jusqu'à la sortie 57 pour La Turbie, puis prendre la direction de Laghet.

***Notre-Dame de Laghet**, Route de Laghet*

GUILLAUME APOLLINAIRE EN QUELQUES DATES

1880 : naissance à Rome
1910 : *L'Hérésiarque et Cie*, Stock
1912 : *Le Pont Mirabeau* (dans le 1er numéro de la revue *Les Soirées de Paris*, co-fondée par Guillaume Apollinaire)
1913 : *Alcools*, Mercure de France
1913 : *Les Peintres cubistes. Méditations esthétiques*, Figuière
1916 : *Le Poète assassiné*, L'Édition
1918 : *Calligrammes*, Mercure de France
1918 : mort à Paris
1955 : *Poèmes à Lou*, Pierre Cailler
2005 : *Lettres à Madeleine*, Gallimard

Michel Butor

Créateur et explorateur, Michel Butor renouvelle dans chacun de ses ouvrages l'expression d'une grande liberté formelle. Apparenté dans les années 1950 au mouvement littéraire appelé le Nouveau Roman *aux côtés d'Alain Robbe-Grillet, de Nathalie Sarraute et de Claude Simon, il est aussi l'auteur d'essais et de recueils de poésie.*
L'écrivain a vécu dix-sept ans à Nice. Il a gardé de la ville des souvenirs précieux et des amis chers. Il y a laissé, lors de son départ, une partie de sa bibliothèque qui constitue aujourd'hui le fonds Butor le plus important du monde.

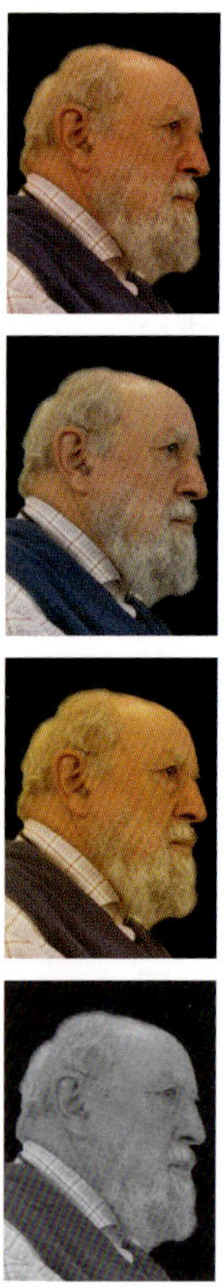

En quelques mots

Michel Butor est un grand voyageur. Voyageur dans l'espace, voyageur dans le temps, voyageur dans l'écriture… Son métier de professeur de littérature l'a mené notamment en Égypte, en Angleterre, aux États-Unis et en Suisse. Il enseigne au lycée français de Salonique lorsque paraît son premier roman, *Passage de Milan*, en 1954. Trois ans plus tard, *La Modification*, qui obtient le prix Renaudot, raconte l'évolution des sentiments d'un homme au fil des kilomètres parcourus dans un train allant de Paris à Rome.
Après son dernier roman, *Degrés*, en 1960, Michel Butor explore d'autres voies narratives. Ses livres, parfois qualifiés de « livres-objets », sont constitués de savants agencements abstraits et concrets, où les mots se mêlent aux collages, aux images et autres représentations graphiques. Ils deviennent des parcours labyrinthiques où l'on flâne et où l'on découvre sans cesse de nouveaux trajets, loin des catégories connues, loin des cloisonnements ordinaires qui s'évaporent pour laisser place à une unité retrouvée, une cohérence se révélant moins visible, moins évidente mais finalement plus profonde et plus authentique, comme le démontre l'ensemble de son œuvre poétique.

INTERVIEW DE MICHEL BUTOR

En avril 2011, Michel Butor nous a parlé des liens qui l'unissaient encore à Nice, la ville qu'il avait tant aimée et où il aurait voulu rester toute sa vie.

Comment a commencé votre aventure niçoise ?
Je suis arrivé à Nice après un an au « Far West », au Nouveau Mexique. Je n'avais pas envie de revenir dans la banlieue parisienne où j'habitais avant. Un ami m'a alors proposé une chaire de professeur invité à la faculté de Nice. Je me suis dit : « On va essayer ! » Et je suis donc venu m'installer ici avec ma famille.

Dans quel quartier habitiez-vous ?
Nous avons eu trois adresses successives. La première se situait à la Corniche Fleurie. Nous étions dans le sous-sol d'une maison accrochée sur une pente très raide. Par conséquent, ce sous-sol était très éclairé, au-dessus d'un jardin en terrasses. Ensuite, nous avons déménagé à Saint-Laurent-du-Var. Nous avons loué deux appartements communicants au dernier étage d'un immeuble. La cage d'escalier n'était pas encore terminée et se transformait parfois en un grand tuyau d'orgue lorsqu'un vent terrible s'y engouffrait. Enfin, nous avons trouvé une maison chemin de Terra Amata, juste au-dessus du vieux port. J'espérais que nous resterions à Nice toute notre vie. Mais il a fallu partir pour Genève où un poste de professeur m'attendait. J'ai fait la navette toutes les semaines, puis comme cela devenait compliqué, nous nous sommes rapprochés de Genève. Voilà.

Comment est née l'idée d'offrir un fonds à la bibliothèque de Nice ?
Je transporte avec moi beaucoup de livres parce que j'en ai besoin pour mon travail, que ce soit lorsque j'enseigne ou lorsque j'écris. Ma maison en est pleine, tout comme l'était celle du chemin de Terra Amata, ce qui a posé problème lorsque nous avons déménagé. J'ai donc souhaité les mettre en lieu sûr. À l'époque, je connaissais un écrivain qui s'appelait Guy Rohou. Il était le directeur de la Bibliothèque de Nice. C'était le cadre idéal pour placer mes nombreux ouvrages. J'ai donc donné des manuscrits, des brouillons, des livres dont je suis l'auteur, des livres que j'ai reçus. Je suis toujours heureux de constater que certains ont envie que je lise leurs textes mais, même si ma maison en Haute-Savoie est plus grande que celle de Nice, elle n'en contient que plus de livres, et lorsque je veux en garder un nouveau, je suis obligé d'en céder un moins récent. Ainsi, une camionnette vient environ tous les deux ans charger le surplus de ma bibliothèque et les volumes rejoignent alors la Bibliothèque Municipale à Vocation Régionale de Nice.

INTERVIEW DE MICHEL BUTOR

Quels sont les lieux de Nice qui évoquent en vous le plus de souvenirs ?

J'aime particulièrement la vieille ville qui a malheureusement beaucoup changé. Dans les premières années, elle était encore très traditionnelle avec des commerces anciens qui étaient très, très agréables. Maintenant, ces vieux commerces très beaux sont remplacés par des magasins de vêtements comme on en trouve sur toute la Côte d'Azur et qui n'ont évidemment pas le même intérêt. J'aime aussi beaucoup les églises de Nice. Les premières années de notre séjour, de très belles fêtes s'y déroulaient. J'ai le souvenir d'une représentation, à l'église Saint-Augustin il me semble, de la rencontre du Christ en jardinier avec Marie-Madeleine. L'édifice était recouvert de fleurs avec des mannequins habillés. C'était magnifique. Pour la fête de Noël, des bergers descendaient de la montagne et des moutons assistaient à la messe. Tout cela n'existe plus naturellement. J'aime également les anciennes villas 1900. Certaines sont très belles, surtout une qui n'est pas tout à fait à Nice, mais juste à côté, la villa Orlamonde bâtie par Maurice Maeterlinck. Enfin, j'aime le patrimoine antique de la ville et celui de la fin du Moyen Âge, c'est-à-dire Cimiez, ses ruines, ses thermes, ses arènes, et sa superbe église. En fait, je suis très attaché aux différents visages de Nice.

Que vous inspire la vie artistique dans la région ?

C'est une terre très riche. Beaucoup d'artistes sont venus s'y installer. De beaux musées ont été créés, comme le musée Matisse et le musée Chagall à Cimiez, le musée Léger à Biot, le musée Picasso à Antibes. Le musée Chéret est splendide lui aussi. Mais ce n'est pas suffisant. Je rêve d'un grand musée à Nice qui serait consacré à tous les peintres qui ont séjourné dans la région.

LA CÔTE D'AZUR DE MICHEL BUTOR

Dans un texte intitulé « Au grand bonheur la chance », Michel Butor offre une liste de tous les moments qui rendent l'existence plus belle. Parmi eux figure « - La floraison du cactus cierge, la seule nuit du 15 août, dans un jardin de Nice ».

Nice - villa aux antipodes

La villa « aux antipodes » fut le troisième domicile niçois de Michel Butor. Elle était située à côté de l'actuel musée de paléontologie humaine de Terra Amata (l'immeuble était alors en construction et le musée en cours d'aménagement) et la vue donnait au

loin, au-delà des toits et du port, sur la montagne du Cheiron. « C'était une maison très agréable, avec un jardin à chaque étage, le premier au sous-sol par lequel on entrait, un de chaque côté de l'étage principal, et enfin, en montant encore par un chemin d'échelle autour de la maison, un pont passait par-dessus depuis le premier étage jusqu'au jardin supérieur en escalier où il y avait des oliviers, des orangers, et un magnifique cerisier », se souvient l'écrivain.
L'artiste Henri Maccheroni, son ami et complice, le rencontrait tous les samedis à son retour de Genève pendant ses années niçoises : « Je me souviens, entre autres, du datura sous lequel, avec Michel Launay, nous avions conversé à trois sur la mort, échange que Michel Butor a entièrement réécrit sous le titre *Vanité* aux Éditions Balland. »

Villa aux antipodes, Chemin de Terra Amata

Nice - la Bibliothèque Patrimoniale Romain Gary

Michel Butor donne des œuvres à la Bibliothèque Patrimoniale Romain Gary depuis 1973. Un acte officiel de donation a été signé en 2004. Le fonds réunit des ouvrages de bibliophilie, des manuscrits, des éditions courantes, de la correspondance et des milliers de livres signés par des auteurs contemporains.

Bibliothèque Patrimoniale Romain Gary
21 bis boulevard Dubouchage (tel : 04 97 13 36 75)
Visites du mardi au vendredi, de 9h à 19h, et le samedi de 9h à 18h

MICHEL BUTOR EN QUELQUES DATES

1926 : naissance à Mons-en-Barœul (Nord)
1954 : *Passage de Milan*, Éditions de Minuit
1956 : *L'Emploi du temps*, Éditions de Minuit, prix Fénéon
1957 : *La Modification*, Éditions de Minuit, prix Renaudot
1960 : *Répertoire*, Éditions de Minuit, prix de la Critique littéraire
1960 : *Degrés*, Gallimard (dernier roman)
1962 : *Mobile*, Gallimard
1998 : *Improvisations sur Balzac*, éditions de la Différence, Grand Prix du romantisme Chateaubriand
2006 : *Seize Lustres*, Gallimard, prix Mallarmé
2007 : Grand Prix Sacem des poètes
2008 : *Petite histoire de la littérature française*, Carnets Nord, Grand Prix de l'académie Charles Cros (entretiens)
2010 : *Les Temps suspendus*, Mémoires Millénaires

Alexandre Dumas

Figure flamboyante du roman populaire du XIXe siècle, Alexandre Dumas a signé deux cent cinquante titres dont la plupart ont été publiés en feuilleton, une cinquantaine de pièces de théâtre, ainsi que des mémoires, des récits de voyage et d'autres ouvrages divers. Sa notoriété n'avait d'égale que la démesure de sa personnalité. Il avait fait inscrire sur la façade de son château une étrange devise : « J'aime qui m'aime ».

Passionné d'histoire, il a notamment fait voyager ses mousquetaires sur l'île Sainte-Marguerite, près de Cannes, dans Le Vicomte de Bragelonne, *afin de mêler leur destin à celui du Masque de fer.*

En quelques mots

D'abord troisième clerc de notaire, Alexandre Dumas arrive à Paris en 1823. L'année suivante naît son fils, futur auteur notamment du roman *La Dame aux camélias*, qu'il ne reconnaîtra qu'en 1831. Après des débuts difficiles (plusieurs de ses pièces sont refusées), *Henri III et sa Cour*, drame en prose, remporte un véritable triomphe à la Comédie Française en 1829. Cependant, c'est sa rencontre en 1838 avec Auguste Maquet, écrivain de l'ombre, qui le révèle en tant qu'auteur de romans. *Les Trois Mousquetaires*, *Le Comte de Monte-Cristo*, *La Reine Margot* sont autant de chef-d'œuvres qui naissent de leur collaboration. La France entière tremble et s'enthousiasme pour les aventures de chaque nouveau personnage. Alexandre Dumas gagne beaucoup d'argent mais il en dépense encore plus. Il est contraint de vendre en 1849 le château de Monte-Cristo, situé à Port-Marly dans les Yvelines, dont l'inauguration a rassemblé six cents invités deux ans plus tôt, année de l'ouverture du Théâtre Historique qu'il a fait construire à Paris et qui fermera ses portes en 1850. Réfugié un temps à Bruxelles pour échapper à ses créanciers, il continue de publier, désormais sans Auguste Maquet, de nombreux ouvrages jusqu'à sa mort en 1870. À l'occasion du bicentenaire de sa naissance en 2002, sa dépouille a été transférée au Panthéon.

UN ÉCRIVAIN DE L'OMBRE NOMMÉ AUGUSTE MAQUET

Au XIXe siècle, il est fréquent que les auteurs travaillent en collaboration. Les livres sont peu répandus et les romans sont souvent d'abord publiés en feuilleton dans les journaux. Ses créations théâtrales attirant moins de spectateurs qu'avant, Alexandre Dumas souhaite amorcer un nouveau tournant dans sa carrière. Il a rencontré en 1838, par l'intermédiaire de Gérard de Nerval, un certain Auguste Maquet dont il a d'abord remanié une pièce (*Un soir de Carnaval* est rebaptisée *Bathilde*), puis étoffé le roman intitulé *Le Chevalier d'Harmental*. Le succès ne se fait pas attendre et le travail à quatre mains s'organise. Auguste Maquet rédigera les canevas originaux, les plans et des chapitres entiers. Alexandre Dumas, lui, insèrera des dialogues et donnera du brillant à l'ensemble. Ainsi naîtront notamment *Les Trois Mousquetaires*, *Le Comte de Monte-Cristo*, *La Reine Margot*, *Vingt ans après*, *Le Chevalier de Maison-Rouge*, et *Le Vicomte de Bragelonne*.

Il arrive aussi que par manque de temps, le texte d'Auguste Maquet paraisse sans avoir été revu par Alexandre Dumas. Cependant, si celui-ci a souvent péché par omission, il aurait parfois été tenté de rendre sa part à son collaborateur, mais les directeurs des journaux préféraient que son seul nom apparaisse.

Le Comte de Monte-Cristo

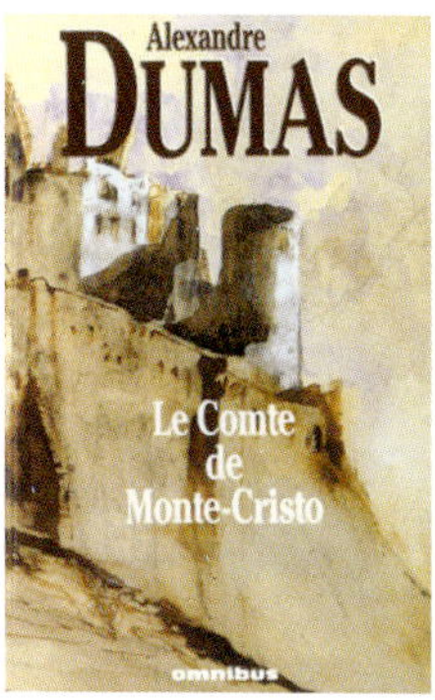

Le Comte de Monte-Cristo, qui raconte le destin d'Edmond Dantès réapparaissant sous les traits d'un héros romantique, individu hors du commun, noble de cœur et d'esprit, pour réparer l'injustice dont il a été victime, est inspiré d'une histoire vraie. Un jeune cordonnier du nom de François Picaud avait en effet été emprisonné pendant plusieurs années à la suite d'une mauvaise plaisanterie de ses amis. Alexandre Dumas souhaite au départ en faire un livre d'impressions de voyage, mais Auguste Maquet propose de développer l'intrigue autour des personnages. *Le Comte de Monte-Cristo* paraît ainsi dans *Le Journal des Débats* entre le 28 août 1844 et le 15 janvier 1846, et connaît un engouement sans précédent. Il reste aujourd'hui l'un des plus grands romans de la littérature française.

La côte d'Azur d'Alexandre Dumas

Alexandre Dumas voyage beaucoup. Au fil de ses périples, il tient des carnets évoquant ses rencontres, les atmosphères riches et changeantes de chaque contrée, et l'histoire des régions traversées. Dans *Une Année à Florence*, il s'émerveille du charme sans égal de Nice les soirs d'automne, « quand sa mer, à peine ridée par le vent qui vient de Barcelone ou de Palma, murmure doucement, et quand ses lucioles, comme des étoiles filantes, semblent pleuvoir du ciel »[1]. Ses impressions de voyages servent aussi de cadres à ses romans. Dans *Le Vicomte de Bragelonne*, d'Artagnan est chargé de conduire l'homme au masque de fer, le frère jumeau de Louis XIV, sur l'île Sainte-Marguerite.

Les îles de Lérins - Sainte-Marguerite

Le Vicomte de Bragelonne constitue le dernier volet de la saga des chevaliers du roi, qui avait débuté avec *Les Trois Mousquetaires*, puis continué avec *Vingt ans après*. Son titre désigne Raoul, le fils du comte de la Fère, plus connu sous le nom d'Athos. Le jeune homme est amoureux de Louise de La Vallière, elle-même éprise du roi. L'époque choisie par les auteurs leur a permis de mettre en scène l'histoire du Masque de fer.

Sainte-Marguerite, qui s'étend sur une longueur de 3200 mètres et une largeur de 900 mètres, offre une vingtaine de kilomètres d'allées et de chemins forestiers. Après la cellule du Masque de fer, le promeneur pourra poursuivre sa visite avec le fort royal, le musée de la mer, et la forêt de pins et d'eucalyptus. « L'île était pleine de fleurs et de fruits, elle servait de jardin au gouverneur dans sa partie cultivée. Les orangers, les grenadiers, les figuiers courbaient sous le poids de leurs fruits d'or et d'azur. »[2]

Un bateau au départ du port de Cannes, quai Laubeuf, relie la côte à Sainte-Marguerite en quinze minutes, avec un départ toutes les heures environ (toutes les demi-heures en juillet et août). Du même endroit, il est aussi possible de se rendre sur l'île Saint-Honorat, occupée par un monastère cistercien, magnifique havre de paix sauvage et silencieux.

Nice - chemin de Saint-Étienne

Théodore de Banville raconte dans *La mer de Nice – Lettres à un ami* sa rencontre avec Alexandre Dumas, en mai 1860, à la ferme Saint-Étienne, chez Alphonse Karr qui donnera justement son nom à la rue. La table est dressée sous une charmante tonnelle

1 Alexandre Dumas, *Une Année à Florence*, Dumont, 1841
2 Alexandre Dumas, *Le Vicomte de Bragelonne*, Michel Lévy frères, 1848 - 1850
3 Théodore de Banville, *La mer de Nice – Lettres à un ami*, Poulet-Malassis et De Broise, 1861
4 Alexandre Dumas, *Une Année à Florence*, Dumont, 1841

au milieu des fleurs. Alexandre Dumas est gai, souriant, et vêtu tout de blanc. Il raconte ses voyages à bord de son yacht et discute de la vie parisienne. Des comédiens appartenant à deux troupes de théâtre différentes ont aussi été invités afin de saluer le dramaturge et ils n'ont de cesse de lui exprimer leur reconnaissance pour leur avoir donné de si beaux rôles à travers ses pièces. Alexandre Dumas les remercie à son tour d'avoir servi ses personnages avec tant de fougue et de fraîcheur. Gustave le Gray, « cet audacieux photographe qui sait fixer en une seconde les caprices et les colères de la mer fugitive »[3], a immortalisé cette journée par un cliché pris dans le jardin.

Rue Alphonse Karr

Nice - rue Alexandre Dumas

Alexandre Dumas indique qu'il est resté deux jours à Nice, « porte de l'Italie »[4], lors du séjour qu'il raconte dans *Une Année à Florence.* La ville lui a laissé l'impression « d'une belle courtisane, mollement couchée au bord de son miroir d'azur, à l'ombre de ses orangers en fleurs, avec ses longs cheveux abandonnés aux brises de la mer, et dont les flots viendraient mouiller ses pieds nus. »
La rue Alexandre Dumas est perpendiculaire à l'avenue du Ray, au sud du stade du même nom et du parc Chambrun.

ALEXANDRE DUMAS EN QUELQUES DATES

1802 : naissance à Villers-Cotterêts (Aisne)
1829 : *Henri III et sa Cour*, première représentation à la Comédie Française
1841 : *Une Année à Florence*, Dumont, deux volumes
1844 : *Les Trois Mousquetaires*, Baudry, huit volumes
1845 – 1846 : *Le Comte de Monte-Cristo*, Pétion, dix-huit volumes
1845 : *La Reine Margot*, Garnier frères, six volumes
1845 : *Vingt ans après*, Baudry, dix volumes
1848 - 1850 : *Le Vicomte de Bragelonne*, Michel Lévy frères, 26 volumes
1870 : mort à Puys (Seine-Maritime)
2002 : Transfert de la dépouille au Panthéon

FRANCIS SCOTT FITZGERALD

Chef de file de la génération perdue, courant littéraire américain de l'entre-deux-guerres, Francis Scott Fitzgerald dépeint le faste et les pièges des excès de l'ère du jazz. Son oeuvre, riche de cinq romans, dont un posthume, et de nombreuses nouvelles, mêle de manière indissociable l'euphorie ambiante et les prémices puis les affres des inévitables désillusions liées à une trop grande quête d'absolu.

La Côte d'Azur, où il effectua avec Zelda des séjours répétés dans les années 1920, fut un des théâtres de leur histoire d'amour dévastatrice. C'est aussi là qu'il écrivit Gatsby le Magnifique.

En quelques mots

Francis Scott Fitzgerald fait ses études à l'université de Princeton. Elles marquent à la fois un élan vers la haute société et une résistance de celle-ci face à l'ambition d'un jeune homme d'origine modeste. Ses succès littéraires, d'abord éphémères avant de connaître une renaissance dans les années 1950, plusieurs années après sa mort, le hisseront dans un premier temps vers les paillettes d'un monde apparemment insouciant, mais rapidement ravageur pour quiconque est attiré à ce point par les extrêmes.

Le parcours de Francis Scott Fitzgerald est indissociable de celui de la belle et fantasque Zelda, rencontrée alors qu'elle n'a que dix-huit ans. Ils formeront le couple le plus explosif de cette folle époque. Leur passion destructrice sera mise en scène notamment dans *Tendre est la nuit*. Tous deux hantés par des pulsions suicidaires, il sombrera peu à peu dans l'alcoolisme et la déchéance, elle dans la schizophrénie. Elle sera internée en hôpital psychiatrique à plusieurs reprises et y perdra la vie lors d'un incendie.

« Toute vie est bien entendu un processus de démolition »[1]. L'incipit de *La fêlure* montre à quel point l'incapacité à atteindre un idéal, vers lequel il n'a eu de cesse de tendre, a finalement précipité la chute de Francis Scott Fitzgerald.

ZELDA : NI AVEC TOI, NI SANS TOI

Plusieurs épisodes révèlent les rapports tumultueux qui unissent Francis Scott Fitzgerald à Zelda. En 1924, elle entretient une liaison avec l'amiral Edouard Jozan[2], officier de l'aéronavale. Lorsque l'écrivain l'apprend, il enferme son épouse dans la villa Marie de Valescure pendant un mois entier, en attendant le départ de l'intrus. En août 1925, le couple dîne à la Colombe d'Or* à Saint-Paul de Vence avec des amis. La danseuse Isadora Duncan est assise à une table voisine. Francis Scott Fizgerald lui est présenté par Gerald Murphy. Il s'agenouille alors devant elle, tandis qu'elle lui caresse les cheveux un instant en l'appelant son « centurion ». Zelda entre dans une rage folle, se met debout sur sa chaise, saute par-dessus la table, et se jette dans l'escalier de pierre attenant, plongé dans l'obscurité. Elle s'en tirera avec les genoux écorchés.

La Colombe d'Or, 1 place du Général de Gaulle, Saint-Paul de Vence

Dans *Alabama Song*[3], prix Goncourt 2007, Gilles Leroy se glisse dans la peau de Zelda et dépeint l'amour tourmenté qui la lie à Francis Scott Fitzgerald.

Tendre est la nuit

Tendre est la nuit fut achevé au début de l'année 1934. Pourtant, la première esquisse du roman date de l'été 1925. Mais les droits d'auteur issus de *Gatsby le Magnifique* ne lui permettant pas de subsister, Francis Scott Fitzgerald travaille entre-temps à des nouvelles publiées dans de grandes revues américaines, puis signe un contrat de scénariste avec United Artists. Ensuite, ce sont des raisons personnelles qui l'empêchent d'avancer comme il le désire : Zelda est hospitalisée à plusieurs reprises et son père meurt. Enfin terminé, *Tendre est la nuit* paraît d'abord en feuilleton dans *Scribner's Magazine*, puis en volume en avril 1934. Il ne se vend à l'époque qu'à douze mille exemplaires et n'est même plus disponible à la mort de son auteur en 1940.

1 Francis Scott Fitzgerald, *La fêlure*, Gallimard pour la traduction française, 1963
2 Edouard Jozan sera Tommy Barban dans *Tendre est la nuit*
3 Gilles Leroy, *Alabama Song*, Mercure de France, 2007

La Côte d'Azur de Francis Scott Fitzgerald

Francis Scott Fitzgerald effectue, dans les années 1920, de nombreux séjours sur la Côte d'Azur : « Dès que vous posez les yeux sur la Méditerranée, vous savez pourquoi ce fut ici qu'un homme se mit debout pour la première fois et tendit les bras vers le soleil. »[4] C'est aussi le principal décor du roman *Tendre est la nuit* où l'on reconnaît sous les traits de Dick et de Nicole ceux de l'écrivain et de Zelda, rongés par un amour incandescent.

Antibes - hôtel des Étrangers

Tendre est la nuit s'ouvre sur la description de l'hôtel des Étrangers, tenu par le ménage Gausse. Il s'agit en fait de l'hôtel du Cap – Eden – Roc. Les palmiers autour, la plage et la vue éblouissent l'écrivain : « Au petit jour, l'image de Cannes à l'horizon, l'ocre rose de ses vieux remparts, la dent mauve des Alpes qui ferme l'Italie se réfléchissent dans la mer, et le clapotis insensible des algues, qui tapissent les fonds, agite ces reflets de petits cercles paresseux. »[5]

Hôtel du Cap – Eden – Roc, Boulevard John Fitzgerald Kennedy

Nice - hôtel Ruhl

En mai 1924, Francis Scott Fitzgerald et Zelda, après être passés par le Grimm's Park Hotel à Hyères, séjournent à l'hôtel Ruhl de Nice. Celui-ci a disparu aujourd'hui au profit de l'hôtel Le Méridien. « Pendant le dîner sur la terrasse, les étoiles tombaient dans nos assiettes, nous essayions de nous identifier à l'endroit en reconnaissant les têtes vues sur le bateau. Mais il ne passait personne et nous étions seuls avec la grandeur du bleu profond, le « filet de sole Ruhl » et la deuxième bouteille de champagne. »[6]

Hôtel Le Méridien, 1 Promenade des Anglais

Valescure - villa Marie

Francis Scott Fitzgerald et Zelda louent la villa Marie à Valescure en juin 1924. Ils y passeront l'été et l'automne. La demeure est édifiée sur une colline, et possède une serre, un grand jardin, et deux salles de bain. Le cadre est propice à l'écriture. Le manuscrit de *Gatsby le Magnifique* prend forme. « J'écris ces lignes au crépuscule, et devant ma fenêtre s'obscurcit la masse des arbres, dont les bouquets

4, 7 Francis Scott Fitzgerald, « Vivre de rien », *La fêlure*, Gallimard pour la traduction française, 1963
5 Francis Scott Fitzgerald, *Tendre est la nuit,* Belfond pour la traduction française, 1985
6, 8 Francis Scott Fitzgerald, « Conduisez M. et Mme F. au n°…», *La fêlure,* Gallimard pour la traduction française, 1963

de toutes les nuances de vert s'étagent jusqu'à la mer du soir. Le soleil flamboyant a sombré derrière les pics de l'Esterel, et la lune flotte déjà au-dessus de l'aqueduc romain de Fréjus, à huit kilomètres d'ici. »[7] À la fin du moins d'octobre, le roman est terminé.

Villa Marie, Avenue des Pins

Antibes - Juan-les-Pins - villa Saint-Louis

Après avoir séjourné à la villa Paquita à Juan-les-Pins, les Fitzgerald s'installent en mai 1926 à la villa Saint-Louis où ils resteront jusqu'en décembre. Elle devient ensuite l'hôtel Belles Rives qui a rendu hommage à l'écrivain en nommant un de ses salons le « Piano Bar Fitzgerald ».

Hôtel Belles Rives, 33 boulevard Edouard Baudoin

Nice - hôtel Beau Rivage

Au mois de mars de l'année 1929, Francis Scott Fitzgerald et Zelda se rendent à Nice : « Nous sommes allés modestement au Beau Rivage, qui opposait à l'aveuglante lumière méditerranéenne les vitraux de ses fenêtres nombreuses. Le printemps était d'un froid mordant au long de la promenade des Anglais, ce qui n'empêchait pas les foules de déambuler sur un rythme estival »[8], raconte l'écrivain dans une nouvelle intitulée « Conduisez M. et Mme F. au n°... ».

Hôtel Beau Rivage,
24 rue Saint-François-de-Paule

FRANCIS SCOTT FITZGERALD EN QUELQUES DATES

- 1896 : naissance à Saint Paul, Minnesota
- 1920 : *L'envers du paradis* (*This Side of Paradise*)
- 1920 : mariage avec Zelda Sayre
- 1921 : naissance de Frances, surnommée «Scottie»
- 1922 : *Les heureux et les damnés* (*The Beautiful and Damned*)
- 1922: *Les enfants du jazz* (*Tales of the Jazz Age* – recueil de nouvelles)
- 1925 : *Gatsby le Magnifique* (*The Great Gatsby*)
- 1934 : *Tendre est la nuit* (*Tender is the Night*)
- 1940 : mort à Hollywood
- 1941 : *Le dernier nabab* (*The Last Tycoon*), inachevé
- 1945 : *La fêlure* (*The Crack-Up*)
- 1948 : mort de Zelda

MAX GALLO

Historien, journaliste, homme politique et écrivain prolifique, Max Gallo est l'auteur d'une centaine de livres. Niçois d'origine, il revient toujours avec plaisir dans sa ville natale où il a grandi, étudié, puis enseigné.

À l'Académie française, il occupe le 24e fauteuil, celui de son ami très cher, Jean-François Revel : « [Il] est mort et on m'a dit : "tu devrais te présenter". Je ne suis pas superstitieux, mais un peu italien… J'ai donc pensé que c'était un signe des dieux. »[1]

En quelques mots

Max Gallo, « petit-fils d'un *piquapeira,* casseur de pierres piémontais »[2] du côté de son père, est bercé, dès sa plus tendre enfance, par les sonorités italiennes des récits de sa mère et de sa grand-mère. C'est dans cette atmosphère qu'il vit l'occupation, puis la libération de Nice.
En 1968, il enseigne l'histoire à la faculté de Lettres. Il écrit un texte sur les évènements de Mai, qu'il envoie par la poste à Jean-François Revel que celui-ci publie dans la collection *Contestation* qu'il vient de créer.
C'est ainsi le début d'une carrière d'écrivain riche de succès : certains de ses livres se vendront à des centaines de milliers d'exemplaires. Qu'il s'agisse de biographies *(Garibaldi, Napoléon, De Gaulle, Victor Hugo, Louis XIV, Voltaire),* de romans *(Le Cortège des vainqueurs, Belle Époque, Le Pacte des assassins),* de récits et d'essais *(La Nuit des longs couteaux, Les Clés de l'histoire contemporaine, Fier d'être français, L'âme de la France),* ou de suites romanesques *(La Baie des Anges, Les Patriotes, Les Chrétiens, Morts pour la France, La Croix de l'Occident),* l'analyse est à la fois maîtrisée et accessible, et le style toujours alerte.
Max Gallo a été promu au grade de commandeur de la Légion d'honneur en 2009.

INTERVIEW DE MAX GALLO

Max Gallo a pris la plume en mai 2011 pour nous raconter quelques souvenirs d'enfance. Nous le remercions chaleureusement.

Qu'y a-t-il de niçois en vous ?
L'attachement à cette ville-mère (et mer), l'horizon, et surtout le sentiment d'être né, d'avoir grandi en un lieu où l'homme a toujours été présent, là sont Nikaïa la grecque et Cemenelum la Romaine, là était l'homme de la préhistoire, là est la Terra Amata.

Retrouvez-vous aujourd'hui le Nice de votre enfance ?
Oui. Le « château » est toujours là, comme les galets de la plage, le Quai des États-Unis, ou le cap de Nice. Et le jardin Albert Ier et le port, les lieux où j'ai passé mon enfance.

Dans* La Promenade des Anglais, *vous participez en tant que figurant au film* Les enfants du paradis *dans les studios de la Victorine. S'agit-il d'un épisode véridique ?
Mes souvenirs sont vagues : nous étions plusieurs enfants d'une dizaine d'années, dans un lieu que je crois être proche du Parc Impérial, à moins que ce soit à la Victorine. Je crois qu'une classe d'une école – peut-être la mienne – avait été invitée... Le souvenir est vague et pourtant présent, je vais « fouiller ».

La trilogie romanesque qui inclut ce titre comporte des éléments autobiographiques. Comment est venue l'idée d'écrire cette saga qui traverse près d'un siècle ?
Mon père et ma mère étaient des « conteurs ». Leur passé devenait vivant, et l'un et l'autre mettaient en lumière leurs origines. Et comme Nice est une ville inscrite dans l'Histoire, qu'elle est une ville où se sont fondues des vagues successives « d'émigrants », j'ai eu le désir de m'approprier cette ville familiale et son histoire, et donc d'écrire *La Baie des Anges*.

---

1 Max Gallo, « L'Europe ne peut pas se faire sans nous », *Le Parisien*, 4 avril 2009
2 Max Gallo, Discours de réception à l'Académie française

La côte d'Azur de Max Gallo

La suite romanesque *La Baie des Anges – Le Palais des fêtes – La Promenade des Anglais* dépeint le destin de trois frères, Carlo, Vincente et Luigi, qui ont quitté les montagnes du Piémont pour gagner la France en 1888. Max Gallo rend ainsi un vibrant hommage à ses origines italiennes et à Nice : « J'aimais ma ville, les rues blanches qui conduisaient à une allée de palmiers ou à la mer, les journées d'octobre où brûlait l'été et qui se prolongeaient en braises rouges au-dessus des collines de l'ouest. Le soir, après l'étude, au lieu de rentrer, je m'égarais dans les quartiers éloignés, vers l'est ou le nord. Sur les boulevards bordés d'acacias à peine éclairés par une lumière bleuâtre, la circulation était rare et je courais souvent au milieu de la chaussée. »[3]

Nice - place Garibaldi

Après des jours de marche entre Mondovi et Nice, les frères Revelli longent la rue de la République et arrivent sur la place Garibaldi. C'est leur première véritable rencontre avec la ville : « La place était carrée, rude comme le climat du Piémont, semblable avec les arcades, les bâtiments symétriques, aux façades nobles, décorés de colonnes et de frontons classiques, aux places de Cuneo ou de Turin. (…) Pourtant malgré les façades grises, comme un ciel piémontais et l'architecture, la place était méditerranéenne par son animation, les couleurs des toits, les voix, l'éclat de la lumière. »[4]

3, 4, 5, 6, 7 Max Gallo, *La Baie des Anges – Le Palais des fêtes – La Promenade des Anglais*, Robert Laffont, 1975 et 1976

Nice - la statue de Garibaldi

À la fin du XIXe siècle, des ouvriers en bâtiment viennent chaque matin au pied de la statue sur la place Garibaldi pour se faire embaucher à la journée. La plupart sont italiens. Les frères Revelli rencontrent au Café de Turin un homme qui leur indique que, s'ils cherchent du travail, ils peuvent se présenter sur la place le lendemain à 7 heures. « Vincente, d'abord d'une voix hésitante, puis parlant plus vite, expliquait : « On allait le matin, tous les trois, mes deux frères, Carlo, Luigi et moi. On s'asseyait sur la place Garibaldi, on attendait l'embauche, et si quelqu'un venait, on avait du travail, s'il voulait bien de nous. Ça, c'est surtout Carlo qui l'a connu. Moi et Luigi, on a été chez Merani, le député. » »[6]

Nice - le café de Turin

Parvenu sur la place Garibaldi, Carlo est attiré par la lumière du Café de Turin. Pour fêter cette arrivée, il prend deux pièces d'or dans son porte-monnaie puis pénètre dans l'établissement. Vincente se souviendra de cette première fois longtemps après : « Il entrait au café de Turin. L'odeur de sciure humide et de tabac, la musique, les voix des garçons, peu de choses avaient changé. »[5]

Café de Turin, 5 place Garibaldi

Nice - 18 rue Saint-François-de-Paule

Toujours dans *La Baie des Anges – Le Palais des fêtes – La Promenade des Anglais,* le député Merani habite avec son épouse 18 rue Saint-François-de-Paule. Le couple recueille sur la route Luigi, le plus jeune des trois frères, et propose à Carlo et Vincente, qui déclinent l'invitation qui leur est également adressée, de venir le chercher lorsqu'ils arriveront.

« Le contraste était grand entre le rivage, la promenade du bord de mer découpée en angles vifs par la lumière solaire et cette rue encore noyée dans l'ombre, fraîche et pourtant si proche de la mer. Rue cossue, austère, avec au bout, vers l'est, un rocher dominé par une tour féodale, sans doute le cap que Vincente avait longé, venant du port. Le docteur habitait une construction de trois étages, ornée de bas-reliefs, de cariatides ; les balcons du troisième étage étaient soutenus par des pattes de lions. Au-dessus de la porte de chêne, dans une mosaïque verte et bleue, était inscrit « Maison Merani ». »[7]

Nice - l'église Saint-François-de-Paule

Vincente et Luigi travaillent finalement chez les Merani, rue Saint-François-de-Paule. C'est là que le premier rencontre Lisa, qu'il épouse bientôt. Leur fils aîné, Dante, est baptisé à l'église Saint-François-de-Paule.

Église Saint-François-de-Paule,
7 – 9 rue Saint-François-de-Paule

Nice - 42 avenue de la République

La trilogie romanesque se poursuit avec le déménagement de Vincente et Lisa en 1901. Trois de leurs quatre enfants sont déjà nés : Dante, Louise et Antoine. Violette suivra en 1903.
« Rue de la République, ils habitaient une maison basse, avec une cour intérieure, un balcon de fer, sur lequel on avait emménagé les cabinets. L'appartement qu'ils occupaient donnait sur la rue. (...)
Vincente avait dit à son fils : « C'est par ici avec ton oncle Carlo que nous sommes entrés dans Nice. » »[8] Et c'est là aussi qu'il périra, dans le bombardement de l'immeuble en 1944, avec sa fille Louise.

Nice - le monument aux Morts

Louise était tombée amoureuse de Millo. Celui-ci, tué au début de la guerre 1914 – 1918, n'avait pas eu le temps de connaître l'enfant qu'elle lui avait donné. « L'épicerie Millo est toujours ouverte, les cageots de tomates et de courgettes sur le trottoir, Millo, le père, silhouette aperçue, courbée, rangeant des bouteilles, mais Millo le fils n'est plus qu'un nom qu'on va graver dans le marbre, là-bas, face à la mer, sur le grand monument aux morts qu'ils ont commencé à tailler dans le rocher. »[9] Le monument aux Morts fut aménagé en 1928 en l'honneur des 4000 Niçois tués lors de la Première Guerre mondiale.

Monument aux Morts,
Quai Rauba-Capèu

8, 9, 10 Max Gallo, *La Baie des Anges – Le Palais des fêtes – La Promenade des Anglais*, Robert Laffont, 1975 et 1976

Nice - la Promenade des Anglais au début de la Seconde Guerre mondiale

La suite *La Baie des Anges – Le Palais des fêtes – La Promenade des Anglais* évoque aussi la Seconde Guerre mondiale. En septembre 1939, deux gendarmes viennent arrêter Dante pour des motifs politiques. Son fils, Roland, n'a soudain plus le même regard sur ce qui l'entoure, tandis que Nice change de visage à cause du conflit. Sur la Promenade des Anglais, l'horizon est obscurci par la fumée des navires de combat et les passants portent au cou des maques à gaz. « Du château, à midi, on ne tirait plus le canon. Les chasseurs alpins occupaient l'emplacement au-dessus du port et leurs patrouilles parcouraient la grève. »[10]

Max Gallo en quelques dates

1932 : naissance à Nice
1960 – 1965 : professeur au lycée Masséna de Nice
1965 – 1970 : maître assistant à la faculté de Lettres de Nice
1975 – 1976 : *La Baie des Anges* (I. *La Baie des Anges*, II. *Le Palais des Fêtes*, III. *La Promenade des Anglais*), Robert Laffont
1981 – 1983 : député des Alpes-Maritimes
1982 : *Garibaldi, la force d'un destin*, Fayard
1994 : *Jè, histoire modeste et héroïque d'un homme qui croyait aux lendemains qui chantent*, Stock
1997 : *Napoléon* (I. *Le Chant du départ*, II. *Le Soleil d'Austerlitz*, III. *L'Empereur des Rois*, IV. *L'Immortel de Sainte-Hélène*), R. Laffont
1998 : *De Gaulle* (I. *L'Appel du destin*, II. *La Solitude du combattant*, III. *Le Premier des Français*, IV. *La Statue du Commandeur*), R. Laffont
2001 : *Victor Hugo* (I. *"Je suis une force qui va !… "*, II. *" …Je serai celui-là ! "*), XO
2002 : *Les Chrétiens* (I. *Le Manteau du Soldat*, II. *Le Baptême du Roi*, III. *La Croisade du Moine*), Fayard
2005 – 2006 : *Les Romains* (I. *Spartacus, la révolte des esclaves*, II. *Néron, le règne de l'antéchrist*, III. *Titus, le martyr des juifs*, IV. *Marc Aurèle, le martyr des chrétiens*, V. *Constantin le Grand, l'empire du Christ*), Fayard
2006 : *Fier d'être français*, Fayard
2007 : élection à l'Académie française
2009 : *La Révolution française* (I. *Le Peuple et le Roi*, II. *Aux armes, citoyens !*), XO
2010 : *1940, de l'abîme à l'espérance*, XO
2011 : *1941, le monde prend feu*, *1942, le jour se lève*, *1943, le souffle de la victoire*, XO

Romain Gary

Né « aux confins de la steppe russe d'un mélange de sang juif, cosaque et tartare »[1] *, Romain Gary est adolescent lorsqu'il arrive à Nice. Il est l'auteur d'une trentaine d'ouvrages, parmi lesquels figurent surtout des romans, mais aussi des nouvelles, des récits et des essais, où son regard sur le monde, tantôt aiguisé, tantôt amusé, révèle une lucidité bouleversante.*

Il fut deux fois lauréat du prix Goncourt, d'abord sous le nom de Romain Gary pour Les Racines du ciel *en 1956, puis sous le pseudonyme d'Émile Ajar pour* La Vie devant soi *en 1975, évènement unique dans l'histoire de la plus prestigieuse des récompenses littéraires françaises.*

En quelques mots

Élevé par une mère au caractère flamboyant et exclusif, naturalisé à l'âge de vingt-et-un ans, Romain Gary s'engage dans l'aviation après des études de droit, et rejoint, en 1940, les Forces Aériennes Françaises Libres à Londres.

La publication de son roman *Éducation européenne* en 1945 (qui reçoit le Prix des Critiques) marque le début d'un parcours littéraire riche et atypique. C'est cette même année que Romain Gary épouse Lesley Blanch et intègre le Ministère des Affaires étrangères. Il commence ainsi une carrière dans la diplomatie qui durera jusqu'en 1961. Il sera tour à tour en poste à Sofia, à Paris, à Berne, à New York comme porte-parole à la Délégation française auprès des Nations Unies, à Londres, à La Paz, et à Los Angeles en tant que Consul général de France.

L'écrivain touche aussi au cinéma. Il participe à l'écriture de scénarii, se marie avec l'actrice Jean Seberg en 1963, et réalise deux films : *Les oiseaux vont mourir au Pérou* (adapté de sa nouvelle) en 1968 et *Kill* en 1972.

Dans un texte qui ne paraîtra qu'après sa mort, Romain Gary dévoile qu'il est l'auteur des romans signés Émile Ajar, pseudonyme mystérieux qui a fait couler beaucoup d'encre et lui a permis d'obtenir une seconde fois le prix Goncourt. Mais en 1980, à l'âge de 66 ans, il met fin à ses jours par arme à feu dans son appartement parisien.

VIE ET MORT D'ÉMILE AJAR

Romain Gary commente la nouvelle de la publication de son premier roman *Éducation européenne* par un éditeur anglais ainsi : « J'étais né. »[2] En 1974, soit trente ans plus tard, c'est au tour d'Émile Ajar, auteur construit de toutes pièces, de naître à son tour. *Gros-Câlin*, envoyé sous ce nouveau pseudonyme, d'abord refusé par Gallimard, est publié par le Mercure de France. Ainsi commence la plus grande mystification de l'histoire littéraire du XXe siècle. Cependant, Émile Ajar n'a pas de chair, pas de visage. Et l'on commence à chercher qui peut bien se cacher derrière ce nom. Queneau ? Aragon ? Romain Gary n'est aucunement soupçonné : « C'est quand même étonnant à quel point je suis sous-estimé en France »[3] , s'insurge-t-il en secret. Il charge alors son petit-cousin, Paul Pavlowitch, d'incarner brièvement le mystérieux signataire. Mais pour des raisons obscures, celui qui ne devait rester qu'un fantôme vite apparu puis disparu livre sa véritable biographie et une photo pour la presse. Romain Gary est dépossédé du personnage qu'il avait créé. Il est devenu le nègre de Paul Pavlowitch ! Le roman *La Vie devant soi* (d'abord intitulé *La Tendresse des pierres*) reçoit en 1975 le prix Goncourt, récompense aussitôt déclinée. Cependant, comme le précise Hervé Bazin, alors président de l'Académie, celle-ci vote pour un livre, et non pour un candidat : « Le prix Goncourt ne peut ni s'accepter ni se refuser. Monsieur Ajar reste couronné ». L'affaire prend une ampleur sans précédent. Paraîtront ensuite *Pseudo* en 1976, puis *L'Angoisse du roi Salomon* en 1979. *Vie et mort d'Émile Ajar* est publié à titre posthume. Romain Gary y donne le fin mot de l'histoire et termine le texte par ces mots : « Je me suis bien amusé. Au revoir et merci. »[4]

La Promesse de l'aube

Dans son admirable roman d'inspiration autobiographique *La Promesse de l'aube*, Romain Gary raconte notamment son adolescence dans sa « chère ville de Nice presque natale »[5] . Il rend ainsi hommage à sa mère qui, veillant seule sur lui avec une force et un amour sans partage, a décidé de l'élever en France pour qu'il puisse accomplir le grand destin qu'elle lui promet.

1, 2 Romain Gary, *La Promesse de l'aube*, Gallimard, 1960
3 Émile Ajar, *Pseudo*, Mercure de France, 1976
4 Romain Gary, *Vie et mort d'Émile Ajar*, Gallimard, 1981
5 Romain Gary, *Chien Blanc*, Gallimard, 1970

« Vous ne savez pas à qui vous avez l'honneur de parler. Mon fils sera ambassadeur de France, chevalier de la Légion d'honneur, grand auteur dramatique »[6] . La scène se passe à Wilno (Vilnius est devenue polonaise après la Première Guerre mondiale) : la mère de Romain Gary se défend ainsi d'une accusation de recel d'objets volés, en désignant son fils de huit ans aux voisins jaloux, prêts à n'importe quelle calomnie à l'égard des Russes réfugiés, qu'elle a rassemblés sur le palier de l'immeuble. Mina Kacew élève en effet son enfant dans le culte de la France. Et c'est à Nice qu'elle s'installera avec lui en 1928.

Nice - avenue Shakespeare

Romain Gary et sa mère arrivent donc à Nice en 1928. Après avoir d'abord posé leurs valises dans une pension de famille rue de la Buffa, ils s'installent un temps dans un deux-pièces de l'avenue Shakespeare. Lui est élève de quatrième au lycée de Nice (aujourd'hui lycée Masséna). Et elle possède alors, à l'Hôtel Négresco, une vitrine de couloir où elle expose quelques articles : écharpes, ceintures, chemisettes, qui lui rapportent 10 % du prix de vente. Cependant, Mina Kacew s'applique à offrir à son fils un bifteck quotidien. Un jour, il la surprend en train de saucer avec des morceaux de pain la poêle dans laquelle la viande a été cuite. Pourtant, elle se prétendait végétarienne. Mesurant ainsi l'ampleur de son sacrifice, il éclate en sanglots et court se réfugier au bout de l'avenue Shakespeare où se trouve un remblai dominant le chemin de fer. Sa mère le

rejoint et tente de le consoler.
« Le mimosa était en fleurs, le ciel était très bleu, et le soleil faisait de son mieux. Je pensai soudain que le monde donnait bien le change. C'est ma première pensée d'adulte dont je me souvienne. »[7]
Depuis un an, il compose des poèmes. Sa mère l'encourage à trouver un pseudonyme. « Un grand écrivain ne peut pas porter un nom russe »[8], affirme-t-elle.

Nice - le club de tennis du Parc Impérial

Romain Gary a reçu en cadeau des parents d'un ami une raquette de tennis mais sa mère n'a pas les moyens de payer la cotisation qui lui permettrait de devenir membre

6, 7, 8, Romain Gary, *La Promesse de l'aube*, Gallimard, 1960

du club du Parc Impérial. Ne supportant pas cette injustice, elle l'emmène sur place et exige de rencontrer le secrétaire, bientôt suivi du président du nom de Garibaldi. Quoi ? Pour de basses considérations pécuniaires, on empêche son fils de s'entraîner, et donc de devenir un jour champion de France et de défendre les couleurs de son pays à l'étranger (qu'il soit débutant et pas encore naturalisé apparaissent comme des détails insignifiants) ! Garibaldi la prie alors de ne pas élever davantage la voix car Sa Majesté le roi Gustave de Suède prend le thé sur la pelouse, non loin du bureau. Quelle aubaine ! Mina Kacew s'y précipite, effectue une rapide révérence, et demande justice au vieux souverain en ajoutant quelques détails sur les terribles revers de fortune que lui ont imposé les bolcheviks. Gustave V propose alors d'assister à la démonstration. Le pauvre Romain Gary est pétrifié. Il se rend sur le court, et bien que sautant, courant, bondissant, il est incapable de renvoyer les balles. Le roi de Suède, sans doute touché par l'amour et la confiance absolus que porte cette mère à son fils, annonce au président du club qu'il payera la cotisation du jeune homme. « Il a du courage et du mordant », conclut-il.

Romain Gary ne retournera jamais jouer au tennis au Parc Impérial mais il remportera la médaille d'argent du championnat de ping-pong de Nice en 1932.

Le Nice Lawn Tennis Club existe toujours. Fondé en 1890, il s'installe en 1919 sur la colline du Parc Impérial où se dresse un immense hôtel aux allures de château inauguré en 1902, qui a servi d'hôpital pendant la Première Guerre mondiale, et qui sera racheté par la ville en 1930 pour être transformé en lycée.

Nice Lawn Tennis Club, 5 avenue Suzanne Lenglen

Nice - hôtel-pension Mermonts

Après avoir exercé des activités diverses et variées pour subsister (vendeuse de bijoux, intermédiaire dans la vente d'appartements et de terrains, associée dans une compagnie de taxis, gardienne de chiens, chats et oiseaux, etc), la mère de Romain Gary devient la gérante d'un immeuble de sept étages, au 7 boulevard Carlone, aujourd'hui boulevard François Grosso. Sur son conseil, l'édifice se transforme en établissement touristique et devient l'hôtel-pension Mermonts (« mer » comme mer, et « monts » comme montagnes). Il compte bientôt trente-six chambres, deux étages d'appartements et un restaurant. Il peut alors accueillir une « clientèle

internationale, dans une atmosphère de tranquillité, de confort et de bon goût »[9], comme le précise le prospectus rédigé par Romain Gary lui-même, dont la chambre au rez-de-chaussée donne sur la rue Dante.
Le publicitaire en herbe a seize ans et il est aussi à l'occasion réceptionniste, guide, et maître d'hôtel. C'est à cette époque qu'il envoie ses premiers manuscrits, signés François Mermont, qui sont systématiquement refusés. Jugeant que le pseudonyme constitue très certainement un obstacle, il écrit un nouveau texte sous celui de Lucien Brûlard. Mais la N. R. F. ne montre guère plus d'enthousiasme.

Lorsqu'il regagne l'hôtel-pension Mermonts à la fin de la guerre, Romain Gary apprend que sa mère est morte trois ans et demi auparavant. Elle n'a donc jamais su que son premier roman avait été publié. Pour continuer à lui insuffler du courage, elle avait écrit dans les derniers jours de sa vie près de deux cent cinquante lettres qu'elle avait chargée une amie en Suisse d'expédier régulièrement à son fils pour que le lien ne se brise pas.
Romain Gary (Compagnon de la Libération, Croix de guerre 39 / 45, puis officier de la Légion d'honneur) a accompli le destin que sa mère désirait pour lui : « Je n'ai pas démérité, j'ai tenu ma promesse et je continue. J'ai servi la France de tout mon cœur, puisque c'est tout ce qui me reste de ma mère, à part une petite photo d'identité. J'écris aussi des livres, j'ai fait carrière et je m'habille à Londres. »
Si l'immeuble existe toujours, l'hôtel-pension Mermonts a disparu. Il n'en reste aujourd'hui qu'une photo prise à côté de l'entrée où l'on aperçoit Romain Gary et sa mère.

7 bd François Grosso

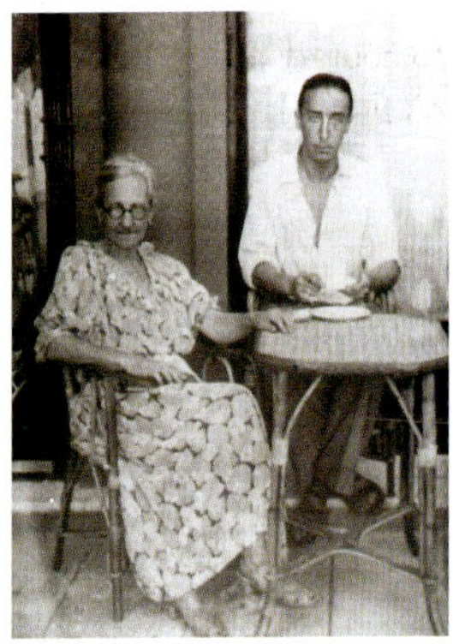

Romain Gary et sa mère

Nice - le marché de la Buffa

Alors gérante de l'hôtel-pension Mermonts, la mère de Romain Gary se lève tous les jours à six heures, et après un thé et quelques gauloises, part au marché couvert de la Buffa, où elle choisit avec soin les produits susceptibles de composer la « cuisine française de premier choix » que mentionne le prospectus de l'établissement. Ce lieu où les couleurs et les arômes se mélangent dans la pénombre devient alors le théâtre (Mina Kacew fut comédienne dans sa jeunesse) de quelques scènes mémorables.

9, 10 Romain Gary, *La Promesse de l'aube*, Gallimard, 1960

En 1933, par exemple, Romain Gary doit bientôt commencer des études de droit. Il est prévu qu'après l'obtention de son diplôme, il s'engagera dans l'aviation. Un jour, un marchand s'aventure à traiter sa mère de « sale étrangère ». Mais cela n'entame en rien l'admiration qu'elle nourrit pour la France. Elle sourit et déclare à l'importun (avec quelques années d'avance) : « Mon fils est officier de réserve et il vous dit merde ! »
Deux ans plus tard, Romain Gary, alors à Paris, apprend à sa mère que l'hebdomadaire *Gringoire* a publié sa nouvelle *L'Orage*. Celle-ci tient tout une page, et son nom est bien visible. L'évènement fait grand bruit au marché de la Buffa. Un apéritif d'honneur y est alors organisé pour fêter l'évènement. Mina Kacew gardera toujours dans son sac le numéro de la revue où figure la première parution de son fils.

« Chaque fois que je reviens à Nice, je me rends au marché de la Buffa. (…) Les bruits, les voix, les gestes, les odeurs et les parfums n'ont pas changé, et il ne manque que peu de chose, presque rien, pour que l'illusion soit complète. Je reste là pendant des heures et les carottes, les chicorées et les endives font ce qu'elles peuvent pour moi.»[10]

Marché de la Buffa, 54 rue de laBuffa
Autres entrées sur le boulevard Gambetta
et au 90 rue Maréchal Joffre

Nice - la cathédrale orthodoxe russe Saint-Nicolas

Après une première année d'études à Aix-en-Provence et des vacances d'été passées à Nice, Romain Gary s'apprête à partir pour Paris afin de poursuivre son droit. Sa mère, qu'il n'a jusqu'ici jamais entendu parler de Dieu, si ce n'est avec une respectueuse considération et surtout une grande discrétion, lui a demandé de l'accompagner à l'église russe. « Mais je croyais qu'on était plus ou moins juifs ? »[11] s'est-il alors étonné. L'endroit est désert. Ils se signent et s'agenouillent. Mina Kacew murmure de vieilles prières

russes pour son fils tandis que des larmes coulent sur ses joues. En sortant, elle semble apaisée. Elle se retourne alors vers l'église russe, et lance, affichant un petit air presque espiègle : « On ne sait jamais. »

En avril 1940, Romain Gary a regagné Nice lors d'une courte permission pour venir au chevet de sa mère malade, hospitalisée à la clinique Saint-Antoine. Au moment de repartir et de lui dire au revoir pour la dernière fois, elle lui demande d'enlever sa casquette d'aviateur et fait le signe de croix sur son front en disant : « Je te bénis ». Romain Gary ressent ce geste comme une transmission sacrée : « Quelque chose de son courage était passé en moi et y est resté pour toujours. »[11] L'église russe fut inaugurée en 1912 en présence de la famille impériale. Classé Monument Historique, ce splendide édifice est le plus ancien et le plus important de ce genre construit hors de Russie.

Cathédrale orthodoxe russe Saint-Nicolas, avenue Nicolas II (bd Tzarewitch)

Nice - la Bibliothèque Patrimoniale Romain Gary

La Bibliothèque Patrimoniale Romain Gary (rebaptisée ainsi en 2005) occupe depuis 1925 une grande villa construite à la fin du XIXe siècle. Elle met à la disposition des chercheurs, des étudiants et autres lecteurs, des centaines de milliers d'ouvrages (fonds d'étude encyclopédique, fonds patrimonial, incunables, manuscrits, estampes et affiches, cartes et plans, photographies et cartes postales), mais rien de particulier sur Romain Gary. Elle a bénéficié de dons et de legs de notamment Joseph Vallot, Louis Guimbaud, Richard Anacréon, Michel Butor, et Michel Déon. Le fonds ancien s'est aussi enrichi en 1993 de 1500 volumes provenant de l'ancien couvent des franciscains de Saorge. Une partie de la collection est consultable uniquement sur place.

Bibliothèque Patrimoniale Romain Gary
21 bis boulevard Dubouchage
(tel : 04 97 13 36 75)
Visites du mardi au vendredi, de 9h à 19h,
et le samedi de 9h à 18h

11, 12, 13 Romain Gary, *La Promesse de l'aube*, Gallimard, 1960

Roquebrune-Cap-Martin - 4/6 impasse Scarouget

En 1949, Romain Gary et son épouse Lesley Blanch achètent une maison qui consiste en une construction dans une ancienne tour de guet dans le vieux village de Roquebrune-Cap-Martin, située au 4/6 de l'impasse Scarouget. C'est là notamment qu'il rédige la majeure partie de son futur prix Goncourt *Les Racines du ciel*, commencé à New York en 1952 et terminé à Los Angeles en 1956.

L'écrivain recevra des funérailles militaires. Une cérémonie aura lieu aux Invalides. Et c'est au large de Roquebrune-Cap-Martin que ses cendres seront dispersées en 1981. « Chère Méditerranée ! Que ta sagesse latine, si douce à la vie, me fut donc clémente et amicale, et avec quelle indulgence ton vieux regard amusé s'est posé sur mon front d'adolescent ! Je reviens toujours à ton bord, avec les barques qui ramènent le couchant dans leurs filets. J'ai été heureux sur ces galets. »[13]

Une plaque est visible à l'entrée de l'impasse Scarouget, première ruelle à droite lorsque l'on longe la rue de la fontaine en direction de l'olivier millénaire.

ROMAIN GARY EN QUELQUES DATES

1914 : naissance à Vilnius (Lituanie)
1928 : arrivée en France, à Nice
1935 : *L'Orage*, première nouvelle, publiée dans *Gringoire* (Romain Kacew)
1945 : *Éducation européenne*, Calmann-Lévy, Prix des Critiques
1948 : *Le Grand Vestiaire*, Gallimard
1956 : *Les Racines du ciel*, Gallimard, prix Goncourt
1960 : *La Promesse de l'aube*, Gallimard
1970 : *Chien Blanc*, Gallimard
1974 : *Gros-Câlin*, Mercure de France (Émile Ajar)
1975 : *Au-delà de cette limite, votre ticket n'est plus valable*, Gallimard
1975 : *La Vie devant soi*, Mercure de France, prix Goncourt (Émile Ajar)
1980 : *Les Cerfs-Volants*, Gallimard
1980 : mort à Paris
1981 : *Vie et mort d'Émile Ajar*, Gallimard
1997 : *Ode à l'homme qui fut la France*, Calmann-Lévy (articles sur le général de Gaulle)

Jean-Marie Gustave Le Clézio

Originaire d'une famille bretonne émigrée à l'île Maurice au XVIIIe siècle, Jean-Marie Gustave Le Clézio déclare être « né par hasard à Nice »[1]. Il est l'auteur d'une cinquantaine d'ouvrages (romans, essais, nouvelles, livres pour la jeunesse, traductions) d'abord marqués par l'empreinte du nouveau roman, puis orientés dès le milieu des années 1970 vers des thèmes plus personnels, tel le voyage et ses origines familiales. Il a reçu le Prix Nobel de littérature en 2008.

En quelques mots

Jean-Marie Gustave Le Clézio grandit dans le Nice de l'après-guerre, où tout manque. On lui interdit de jouer dehors car certains terrains ont été minés. Aussi, il se réfugie dans les dictionnaires de sa grand-mère, faute d'avoir à sa disposition des livres pour enfants. Il y découvre d'autres univers, des termes qui lui sont inconnus, des images de contrées à explorer, des cartes géographiques qui laissent entrevoir les reliefs et la végétation de continents inaccessibles. Et c'est sur l'envers des tickets de rationnement qu'il dessine et écrit ses premiers mots avec des crayons de fortune.

Quelques années plus tard, il lit Virgile, Wilfrid Owen, puis Albert Camus dans le jardin des oliviers, qui n'existe plus aujourd'hui. Il contemple la mer scintillant sous l'éclat du soleil, devinant au loin des terres qui sont autant de promesses d'aventures. Et cela donne aux textes un écho particulier.

Ce désir d'ailleurs entraîne Jean-Marie Gustave Le Clézio dans de nombreux voyages : le Nigeria (où son père est médecin de brousse), l'Angleterre, la Thaïlande, l'Amérique Centrale (il se passionne pour les récits et légendes des Emberas et des Waunanas, effectuant de longs séjours en pleine forêt auprès de cette population amérindienne entre 1970 et 1974), et bien d'autres horizons encore. La langue française est peut-être finalement le seul véritable pays de cet écrivain nomade.

LE PRIX NOBEL DE LITTÉRATURE

Alfred Nobel a souhaité léguer sa fortune à ceux qui rendent service à l'humanité, sans distinction de nationalité. Il a ainsi déterminé cinq domaines de compétence : la physique, la chimie, la médecine, la littérature (qui récompense « l'auteur de l'ouvrage littéraire le plus remarquable d'inspiration idéaliste »[2]) et la paix, liste à laquelle s'ajoutera l'économie en 1969.

Jean-Marie Gustave Le Clézio, « l'écrivain de la rupture, de l'aventure poétique et de l'extase sensuelle, l'explorateur d'une humanité au-delà et en dessous de la civilisation régnante »[3], reçoit le prix Nobel de littérature en 2008. Il succède ainsi à d'autres auteurs français tels Sully Prudhomme (le premier) en 1901, Anatole France en 1921, Henri Bergson en 1927, André Gide en 1947, François Mauriac en 1952, ou le grand Albert Camus en 1957.

Le Procès-verbal

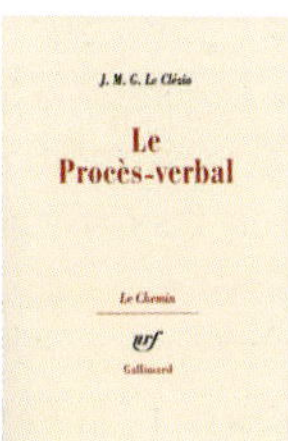

Le premier roman de Jean-Marie Gustave Le Clézio est couronné par le prix Renaudot. L'auteur apprend la nouvelle par la radio, alors qu'il se trouve chez sa mère, à Nice. Il part alors pour la capitale : « À Paris, la vie est inhumaine, j'aime mieux la Côte d'Azur. »[4]

Le *Procès-verbal* raconte l'histoire d'Adam Pollo, réfugié dans une villa abandonnée en haut d'une colline, loin des hommes et du tumulte de la ville. Qui est-il exactement ? Sort-il de l'armée ? De l'asile psychiatrique ? « Sa première acceptation de la solitude est mêlée à la peur »[5] car il hait l'humanité et l'aime à la fois. En proie aux beautés, aux pièges et aux aliénations de la société moderne, il souffre finalement « d'un trop grand sensualisme qui lui fait perdre le sens de la réalité »[6].

1 J. M. G. Le Clézio, *Le Devoir*, 1998
2 Alfred Nobel, 27 novembre 1895
3 Communiqué de presse à l'occasion de l'annonce du prix Nobel de littérature 2008
4 J. M. G. Le Clézio, *Nice-Matin*
5, 6 *Lectures pour tous*, ORTF, 16/10/1963

La côte d'Azur de J. M. G. Le Clézio

S'il refuse la nostalgie, Jean-Marie Gustave Le Clézio garde néanmoins un attachement pour certaines atmosphères de son enfance désormais disparues : « La ville dont j'ai envie de parler n'existe peut-être plus. (…) Je me souviens d'un temps pas très lointain où la mer, à Nice, tenait une part importante, représentait sans doute la moitié virtuelle de la ville. »[7]

Nice - le port

Jean-Marie Gustave Le Clézio grandit dans le quartier du port de Nice. Son goût du voyage n'y est sans doute pas étranger. Enfant et adolescent, il croise des équipages venus des quatre coins du monde, repartant bientôt naviguer sous d'autres cieux : « Sur le port flottait un nuage d'odeurs exquises qui faisaient battre le cœur de tout jeune garçon rêvant d'aventures. »[8]

Nice - l'église Notre-Dame du port

Le quartier du port, animé et coloré, est indissociable de l'église Notre-Dame du Port, refuge contrasté de silence et de prière, où les volumes conservent la fraîcheur des soirs de printemps même aux heures les plus chaudes de l'été, où la lumière, discrète, se reflète sur les lambris dorés, se mêlant aux vapeurs parfumées de l'encens. L'église Notre-Dame du Port marquait à l'époque le rythme des jours et des saisons.
« Que reste-t-il de tout cela ? (…) Même la cloche de l'Angélus s'est tue, et les processions solennelles de la bénédiction de l'eau et du feu ont été interdites, pour cause d'entrave à la circulation des autos. »[9]

7, 8, 9 Préface, *1860-1960*, *Nice - cent ans*, Éditions Gilletta, 1997
10, 11 J. M. G. Le Clézio, *Le Procès-verbal*, Gallimard, 1963

Construite sur un modèle néo-classique, l'Église de l'Immaculée Conception dite Notre-Dame du Port fut construite au milieu du XIXe siècle.

Église Notre-Dame du Port, 8 place Ile de Beauté

Nice - le Grand Séminaire

Alors qu'Adam Pollo, le personnage du roman *Le Procès-verbal*, est assis sur le dossier d'un banc, de l'autre côté du port, le long des criques rocheuses, un homme passe à bicyclette et lui indique qu'ils ont retrouvé un corps plus loin. « Adam marcha plus vite ; la route faisait un tournant autour d'une sorte de cap, et on ne voyait rien : la noyade devait avoir eu lieu de l'autre côté ; peut-être au Roc-plage, ou au niveau du fortin allemand, en face du Grand Séminaire ; (…) »[10]
Le Grand Séminaire de Nice est devenu aujourd'hui la Maison du Séminaire. Située dans un cadre enchanteur offrant un magnifique panorama sur la Baie des Anges, elle accueille toute l'année des visiteurs pour des colloques et des conférences ou pour des séjours.

La Maison du Séminaire, 29 boulevard Franck Pilatte

Nice - la fontaine Saint-François

Adam Pollo sillonne la ville à la recherche de Michèle, seul lien qui l'unit encore, bien que faiblement, au monde. Il s'arrête bientôt dans un bar, commence à boire tout en observant les autres clients sans pouvoir les distinguer les uns des autres. Les mêmes visages, les mêmes corps, les mêmes conversations. D'autres verres de vin. Un trop grand vertige. Il quitte alors le bar et se promène dans le Vieux Nice : « Je ne savais plus quelle heure il était, ni ce que j'étais en train de faire. Je me suis assis sur la margelle de la Fontaine Saint-François ; j'ai posé à côté de moi les paquets de nourriture et le cahier d'écolier. J'ai fumé deux cigarettes coup sur coup. Un petit vent froid faisait flapir les tentures des magasins. »[11]
Dominée par la tour de l'horloge (ancien clocher), la place Saint-François accueille, le matin, le marché aux poissons autour de la fontaine représentant des dauphins.

Fontaine Saint-François, Place Saint-François

Nice - les salles de cinéma

La ville de Nice a toujours été très liée au cinéma. La première séance a lieu le 28 février 1896 à l'Eldorado, 10 rue Garnier, devenue rue de la Liberté. Dans *Ballaciner*, paru en 2007, Jean-Marie Gustave Le Clézio rend hommage au 7e art. Adolescent, il va au cinéma deux ou trois fois par jour. Il fréquente tout particulièrement le Saint-Maurice, qui accueille une fois par semaine le Ciné-club Jean-Vigo. Les salles des années 1950 évoquées dans son ouvrage ont pratiquement toutes disparu. Le Cinéac se trouvait sur l'avenue de la Victoire, aujourd'hui Jean Médecin, et l'Edouard VII rue de France. Le Mondial a été rebaptisé le Paramount. Seul le Politéama, devenu le cinéma Mercury, accueille toujours des spectateurs. Il est situé 16 place Garibaldi.

L'Escurial, 29 rue Alphonse Karr, inauguré en 1930, a été transformé en discothèque puis en cabaret, et son avenir aujourd'hui est plus qu'incertain : « C'était un chef-d'œuvre de l'art postmussolinien, avec un plafond à douze mètres, un immense balcon flanqué de loges et de loggias, un rideau de scène en velours cramoisi, et dont les murs latéraux et le hall d'entrée étaient décorés de fresques néoclassiques représentant des matrones romaines et des guerriers hoplites sur fond de collines éternelles. »[12]

Roquebillière

Dans *Ritournelle de la faim*, Alexandre et Justine, avec leur fille Ethel, âgée de vingt ans, gagnent Nice pendant la guerre puis déménagent à Roquebillière, village où a également trouvé refuge Jean-Marie Gustave Le Clézio avec sa mère, son frère et ses grands-parents à la même époque. L'argent manque mais les commerçants font crédit. Cependant, les conditions restent précaires. Alexandre est arrivé très malade, on a craint pour sa vie. Justine a un ulcère à la jambe, les mouches noires se collent sur les bords de la plaie, et les médicaments ne sont plus acheminés. Et pourtant, au

12 J. M. G. Le Clézio, *Ballaciner*, Gallimard, 2007
13 J. M. G. Le Clézio, *Ritournelle de la faim*, Gallimard, 2008
14 J. M. G. Le Clézio, *Étoile errante*, Gallimard, 1992

printemps, « les hirondelles remplissaient le ciel. Le soleil illuminait les sommets encore enneigés, et dans la vallée coulait une brise douce qui portait l'odeur de la mer. »[13]

Saint-Martin-Vésubie

Étoile errante s'ouvre sur ces mots : « Saint-Martin-Vésubie, été 1943 », et la dernière partie du livre sur : « Nice, été 1982, Hôtel de la Solitude ». Elizabeth est morte. Elle a voulu que ses cendres soient dispersées dans la mer. Sa fille Esther attendra le crépuscule et le départ des baigneurs pour accéder à son souhait. Quelques jours après, elle se rend au village de Saint-Martin. « Elle savait que l'hiver était fini quand elle entendait le bruit de l'eau. L'hiver, la neige avait recouvert le village, les toits des maisons et les prairies étaient blancs. La glace avait fait des stalactites au bout des toits. »[14] Elle cherche la maison qu'elle a habitée à l'âge de treize ans, pendant la guerre, lorsque le soir, sa mère arrivait sur la place et lui prenait la main pour rentrer. Mais désormais, sa mère n'est plus là. Et tout lui est devenu étranger.

J. M. G. Le Clézio en quelques dates

1940 : naissance à Nice
1963 : *Le procès-verbal*, Gallimard, prix Renaudot
1967 : *Terra Amata*, Gallimard
1980 : *Désert*, Gallimard, Grand Prix de littérature Paul Morand de l'Académie française
1985 : *Le chercheur d'or*, Gallimard
1991 : *Onitsha*, Gallimard
1992 : *Étoile errante*, Gallimard
1995 : *La quarantaine*, Gallimard
1996 : *Poisson d'or*, Gallimard
2003 : *Révolutions*, Gallimard
2004 : *L'Africain*, Mercure de France
2007 : *Ballaciner*, Gallimard
2008 : *Ritournelle de la faim*, Gallimard
2008 : prix Nobel de littérature

GASTON LEROUX

Gaston Leroux est l'un des maîtres du roman populaire du XXe siècle. La plupart de ses textes ont été publiés en épisodes dans des revues avant de paraître en volumes. Ainsi, l'intrigue est toujours enlevée et riche en rebondissements afin de retenir l'attention des lecteurs au fil des semaines ou des mois.

Niçois d'adoption, il est l'auteur, outre de recueils de reportage, de pièces de théâtre et de scénarii, de trente-cinq romans tantôt mettant en scène des énigmes policières, tantôt livrant des atmosphères fantastiques ou humoristiques.

En quelques mots

D'abord avocat, chroniqueur judiciaire puis reporter (il est nommé chevalier de la Légion d'honneur en 1902 pour services distingués dans la presse), Gaston Leroux livre *Le Chercheur de trésors* (*La double vie de Théophraste Longuet*) au journal *Le Matin* en 1903. Mais c'est *Le Mystère de la chambre jaune*, publié dans le supplément littéraire de *L'Illustration* en 1907, qui le rend célèbre. C'est le premier épisode des *Aventures extraordinaires du reporter Joseph Joséphin dit Boitabille*, dont le nom, suite à la protestation d'un homonyme, se transforme bientôt en Rouletabille. En 1913, naît un autre illustre personnage : Chéri-Bibi, bagnard au grand cœur accusé d'un crime qu'il n'a pas commis.

Gaston Leroux est aussi l'auteur du roman *Le Fantôme de l'opéra*, et de textes moins connus, mais tout à fait savoureux, comme par exemple *Le Fauteuil hanté*, histoire drolatique qui a pour cadre la prestigieuse Académie française. Il écrit quelques scénarii et fonde en 1919 à Nice la société des Cinéromans, consacrée à la production de films à épisodes. Il est d'autre part dramaturge et crée plusieurs pièces, soit originales (*La Maison des juges*, *Le Lys*, *Alsace*, *La Gare régulatrice*), soit adaptées de ses écrits (*L'homme qui a vu le diable*, *Le Mystère de la chambre jaune*).

GASTON LEROUX À BROADWAY

Le roman *Le Fantôme de l'opéra*, écrit en 1910, a fourni la trame d'une centaine de films et téléfilms, et de trente-cinq pièces de théâtre, ballets ou spectacles. Il raconte l'histoire d'Erik, musicien de génie défiguré qui hante les sous-sols du Palais Garnier. Tombé amoureux d'une jeune cantatrice, il la prendra comme élève en lui faisant croire qu'il est l'Ange de la musique, envoyé par son père disparu. La comédie musicale composée par Andrew Lloyd Webber (qui a battu, en 2006, tous les records de longévité à Broadway avec dix-huit années d'existence sans interruption) a attiré depuis sa création 80 millions de spectateurs à travers le monde pour un total de 65 000 représentations dans 25 pays.

Le Parfum de la Dame en noir

Dans *Le Parfum de la Dame en noir*, Joseph Rouletabille part au secours de Mathilde Stangerson qui, pour échapper à une terrible vision survenue lors d'un voyage en train, a trouvé refuge avec son époux tout neuf, Robert Darzac, dans un château fort, propriété de ses amis Arthur et Edith Rance. Ce château, démoli depuis cette sombre histoire, est situé sur la presqu'île d'Hercule, devant les Rochers Rouges, aux environs de Menton. C'est aussi dans ce décor, alors que pourtant « il n'est point de plus beau printemps au monde que celui de la Côte d'Azur ! », qu'apparaît une nouvelle fois l'étrange fantôme, qui aurait donc suivi le couple depuis Paris. Bien que donné pour mort, cet individu peu recommandable,

qui n'est autre que Frédéric Larsan, le premier mari de Mathilde, est aperçu dans une petite barque de pêcheur, avançant lentement sur les flots à la tombée du soir.

La côte d'Azur de Gaston Leroux

Gaston Leroux élit définitivement domicile à Nice en 1909. Il habite d'abord le Mont Boron, puis la villa des Orangers à Cimiez à partir de 1911, et finalement le boulevard Gambetta. « La nuit était magnifique pour la saison ; une de ces nuits dont les hivers de Nice ont le secret et qui étonnent toujours le voyageur. »[1]

Cependant, ce sont les alentours de Menton qu'il choisit comme décor de la majeure partie de l'intrigue de son roman *Le Parfum de la Dame en noir*, deuxième volume de la série *Les Aventures extraordinaires de Joseph Rouletabille reporter*, où l'on retrouve les personnages du premier opus intitulé *Le Mystère de la chambre jaune*.

Nice - palais Étoile du nord

En 1919, Gaston Leroux s'installe au palais Étoile du nord. Il y restera jusqu'à la fin de ses jours, soit pendant huit années. Une plaque en son hommage est apposée en 1978, dans le cadre du Festival du livre de Nice.

Palais Étoile du nord,
53 boulevard Gambetta

Nice - 23 rue de la Buffa

Gaston Leroux, auteur de scénarii (*L'homme qui revient de loin*, adapté de son roman en 1916, et *La Nouvelle Aurore* en seize épisodes de trente minutes deux ans plus tard), crée à Nice en 1919, avec notamment René Navarre, ex-interprète de Fantômas, la société des Cinéromans, dont les bureaux s'établissent au 23 rue de la Buffa. Il signera trois films dans ce cadre : *Tue-la-mort* en douze épisodes en 1920, *Le sept de trèfle* en douze épisodes en 1921, et *Il était deux petits enfants*, long-métrage en 1922.

La même année, un changement de direction entraîne le déménagement de la société à Paris. Certaines dissensions se font alors sentir. *Rouletabille chez les Bohémiens* (dix épisodes) marquera à la fois le début de l'activité de cette nouvelle compagnie et la fin de la collaboration de Gaston Leroux avec celle-ci.

1 Gaston Leroux, *Le Fils de trois pères (Hardi-Gras)*, Librairie Baudinière, 1926

Nice - le cimetière du Château

Gaston Leroux meurt le 15 avril 1927, au lendemain d'une intervention chirurgicale. Il repose au cimetière du Château, où l'ont rejoint son épouse Jeanne et leur fille Madeleine. La tombe, ornée d'une jolie statuette, est située à gauche, juste après l'entrée.

Ce jardin de pierre, où sont enterrées de grandes figures niçoises, tels Léon Gambetta, Alfred Borriglione, Honoré Sauvan, et François Grosso (l'ange qui domine sa tombe reste l'une des plus belles sculptures du cimetière), offre un superbe panorama sur les montagnes et la mer alentour.

Nice - rue Gaston Leroux

La rue Gaston Leroux est assez éloignée des lieux où l'écrivain a résidé. Elle est perpendiculaire au boulevard Virgile Barel, prolongement du boulevard Saint-Roch, au-dessus de l'avenue Denis Séméria.

Menton - quartier de Garavan

Lorsque Gaston Leroux s'installe sur la Côte d'Azur en 1908, il réside d'abord à Menton, ville aux environs de laquelle il situe l'action du roman *Le Parfum de la Dame en noir*. Joseph Rouletabille, arrivant de Paris, descend en gare de Menton – Garavan. Du château d'Hercule où il est bientôt accueilli, il admire le paysage : « La courbe harmonieuse de la rive mentonnaise enfermait cette onde pure dans un cadre fleuri. Les villas de Garavan, toutes blanches et toutes roses, paraissaient fraîches écloses de cette nuit. »

Accès par la Promenade de la Mer
(prolongement de la Promenade du Soleil en direction de l'Italie)

Menton - le kiosque à musique

Lors d'une promenade à Menton, l'indésirable Frédéric Larsan, confondu dans *Le Mystère de la chambre jaune* et fantomatique dans *Le Parfum de la Dame en noir*, ose apparaître à la sortie du jardin public. Arthur Rance entraîne alors Mathilde et son père faire le tour du kiosque à musique afin qu'ils n'aient pas à subir ce triste spectacle. En effet, la vision de ce misérable aux multiples visages pourrait éveiller en eux de bien douloureux souvenirs. Datant de 1884, le kiosque à musique fut démoli en 1932 pour laisser place à la construction du nouveau casino municipal.

Les Rochers Rouges - la grotte de Barma Grande

La plus belle des grottes de toutes celles que comptent les Rochers Rouges (appellation choisie par Gaston Leroux, à laquelle est préférée aujourd'hui celle de « Roches Rouges » ou plus souvent son équivalent italien « Balzi Rossi ») est sans nul doute la grotte de Barma Grande. Elle n'a jusqu'ici pas fait l'objet de fouilles officielles car elle appartient à Monsieur Abbo, propriétaire du restaurant des Grottes, établissement réputé, selon *Le Parfum de la Dame en noir*, pour son « admirable bouillabaisse [...] arrosée d'un petit « vino del paese » et servie dans la lumière et la gaieté des choses » et possédant, précisons-le puisque l'occasion nous en est donnée, « la réserve la mieux fournie en rascasses et poissons de roches de tout le littoral ». Mais les activités culinaires de Monsieur Abbo ne l'ont pas empêché de trouver le temps de découvrir dans la grotte de Barma Grande des ossements humains très bien conservés qui dateraient de l'époque quaternaire, voire de la fin de l'époque tertiaire ! Il s'agit là d'une fantaisie de l'auteur puisque la datation officielle se situerait plutôt autour du Paléolithique supérieur (- 30 000 ans).

Les très belles Roches Rouges ou grottes des «Balzi Rossi». On distingue, au centre, l'entrée de Barma Grande.

Les Rochers Rouges - la grotte de Roméo & Juliette

Le prince Galitch, autre personnage du roman *Le Parfum de la Dame en noir*, riche gentilhomme russe, que l'on dit sobre, avare et poète, s'est rendu acquéreur de la grotte de Roméo et Juliette, au pied des falaises des Rochers Rouges. Il y a trouvé, selon une vraisemblance toute romanesque, le trésor des trésors : le plus vieux crâne de l'humanité !

Située en bord de mer, à la sortie de Menton, à une centaine de mètres de la frontière côté italien, la falaise des Roches Rouges, qui abrite les grottes de Grimaldi, offre un spectacle tout à fait saisissant. Si Barma Grande existe bel et bien, la grotte de Roméo et Juliette semble en revanche être née de l'imagination de Gaston Leroux. La promenade peut être complétée par la visite du Musée préhistorique des Balzi Rossi qui donne accès à l'intérieur des grottes et présente des pièces archéologiques retrouvées sur place.

Gaston Leroux en quelques dates

1868 : naissance à Paris
1887 : *Le petit marchand de pommes de terres frites* (nouvelle parue dans le journal *La République Française*)
1903 : *La double vie de Théophraste Longuet* (« Le Chercheur de trésors » dans *Le Matin*)
1907 : *Le Mystère de la chambre jaune* (« Les Aventures extraordinaires de Joseph Rouletabille reporter I » dans le supplément littéraire de *L'Illustration*)
1908 - 1909 : *Le Parfum de la Dame en noir* (« Les Aventures extraordinaires de Joseph Rouletabille reporter II » dans le supplément littéraire de *L'Illustration*)
1908 - 1909 : *Le Roi mystère* (dans *Le Matin*)
1909 - 1910 : *Le Fauteuil hanté* (dans *Je Sais Tout*)
1910 : *Le Fantôme de l'opéra* (dans *Le Gaulois*)
1913 : *Premières aventures de Chéri-Bibi* (« Chéri-Bibi » dans *Le Matin*)
1919 : création de la société des Cinéromans à Nice
1919 : *Nouvelles aventures de Chéri-Bibi* (« La Nouvelle Aurore » dans *Le Matin*)
1920 : *Le Cœur cambriolé* (dans *Je Sais Tout*)
1925 : *Le Fils de trois pères* (Hardi-Gras) (« Hardi-Gras » dans *Le Journal*)
1927 : mort à Nice

Guy de Maupassant

Guy de Maupassant écrit la majeure partie de son œuvre entre 1880 et 1890, décennie durant laquelle il séjourne régulièrement sur la Côte d'Azur. Il est l'auteur de six romans, de trois cents nouvelles, de trois récits de voyage, et de très nombreuses chroniques publiées dans des journaux et revues.

Écrivain prolifique et reconnu, il mène ses intérêts (droits d'auteur, traductions, rééditions) comme un véritable homme d'affaires et devient rapidement l'une des plus grandes fortunes du monde littéraire de la fin du XIXe siècle.

En quelques mots

Après avoir participé à la guerre de 1870, Guy de Maupassant s'installe à Paris. Il travaille d'abord pour le ministère de la Marine, puis pour le ministère de l'Instruction publique. Il écrit alors de la poésie et des pièces de théâtre, et s'oriente vers la nouvelle en 1875. Gustave Flaubert veille sur lui, le conseille aussi bien dans ses lectures que dans l'écriture, lui apprend l'observation et le souci du détail, et corrige même ses premiers manuscrits.

Après le succès de *Boule de suif* en 1880, Guy de Maupassant se consacre entièrement à la littérature. Il publie en 1883 son premier roman, *Une vie*, qui lui aura demandé cinq années d'effort, et qui paraîtra, comme tous ceux qui suivront, d'abord en feuilleton dans la presse. Mais bientôt, malgré une constitution qui semble résistante à toute épreuve, sa santé s'altère et des troubles nerveux apparaissent. Seuls les voyages, notamment en mer, offrent quelque apaisement à celui qui se décrit volontiers comme « un désabusé, un solitaire et un sauvage »[1]. Cependant, la recherche de l'isolement, la crainte de la mort, et une angoisse quasi-permanente rongent peu à peu l'attache fragile qui le lie à la réalité, jusqu'au jour où il tente de se suicider. Il sera alors interné et mourra dix-huit mois plus tard, peu avant son quarante-troisième anniversaire.

TREMBLEMENT DE TERRE

Le 23 février 1887, un terrible tremblement de terre est ressenti dans toute la Ligurie et le pays niçois. La veille au soir, on a célébré la fin du carnaval. Et soudain, à l'aube, un bruit souterrain se fait entendre. Les murs se lézardent, les meubles se renversent, les cloches sonnent, et les gens se jettent dans la rue.

Guy de Maupassant réside alors au Chalet des Alpes, à Antibes. Réveillé brusquement, il se précipite vers la porte de sa chambre. Mais une seconde secousse le bouscule violemment. Il retrouve l'équilibre, se dirige vers les escaliers, et gagne le jardin. Il est 6 heures. Le jour se lève dans une infinie douceur. « Cette absolue tranquillité du ciel, pendant ce bouleversement épouvantable, était tellement saisissante, tellement imprévue, qu'elle me surprit et m'émut davantage que la catastrophe elle-même. »[2]

Sur l'eau

Alors que son yacht, le Bel-Ami, s'est arrêté en rade d'Agay au cours d'une croisière le long de la côte azuréenne, Guy de Maupassant part marcher sur un sentier dans un bois de sapins. Il aperçoit bientôt, au sommet d'une montée, deux amants enlacés, « ivres de leur rêve »[3], qui descendent vers lui. De crainte de les distraire, il se cache derrière un arbre tandis que le couple passe à quelques mètres. S'il apprécie les femmes et si elles le lui rendent bien, il n'a en revanche jamais connu, semble-t-il, la douceur d'un sentiment amoureux partagé. Aussi, cette vision le rend-il mélancolique :

« Quand je ne les vis plus, je sentis qu'une tristesse m'était tombée sur le cœur. Un bonheur m'avait frôlé, que je ne connaissais point et que je pressentais le meilleur de tous. Et je revins vers la baie d'Agay, trop las, maintenant, pour continuer ma promenade. »[4]

1 Guy de Maupassant, *Lettre à Mademoiselle L. Bogdanoff*, 10 novembre 1891
2 Guy de Maupassant, « Tremblement de terre », *Gil Blas*, 1er mars 1887
3 & 4 Guy de Maupassant, *Sur l'eau*, Marpon et Flammarion, 1888

La côte d'Azur de Guy de Maupassant

Guy de Maupassant découvre Menton en mai 1882 (il évoquera notamment la beauté de son cimetière dans *Sur l'eau*), mais c'est surtout à Cannes, dont il apprécie les « chemins ombreux [...] entre deux jardins »[5], qu'il séjournera régulièrement à partir de l'année suivante. Il résidera d'autre part à Antibes et se rendra fréquemment à Nice. Il voguera aussi beaucoup à bord du Bel-Ami I, acquis pendant l'hiver 1885 – 1886, puis du Bel-Ami II qui remplacera le premier trois ans plus tard.

Cannes - 1 rue du Redan

Guy de Maupassant passe donc l'hiver 1883 – 1884 à Cannes. Il loge au 1 rue du Redan, actuelle rue Jean Dollfus. Il travaille de 9 h à midi, fait sa toilette et déjeune. L'après-midi, il se promène souvent en mer à bord de la Louisette, sa jolie barque blanche, accompagné par un vieux matelot prénommé Galice. L'hiver suivant, il s'installera à la villa Mon Plaisir, boulevard d'Alsace.

Rue Jean Dollfus

Le Cap d'Antibes - villa Le Bosquet

À la fin de l'année 1885, Guy de Maupassant s'installe à la villa Le Bosquet pour l'hiver. La façade donne sur une grande cour bordée d'arbres. Le matin, il se promène dans l'allée. Après le déjeuner, il s'assoit sur un banc placé devant le salon, en plein soleil, à l'abri du froid. Il sort parfois en mer avec la Louisette, ancrée non loin de là, et achète bientôt le Bel-Ami pour parcourir la côte.

« J'étais assis sur le môle du petit port d'Obernon près du hameau de la Salis, pour regarder Antibes au soleil couchant. Je n'avais jamais rien vu d'aussi surprenant et d'aussi beau. »[6]

Les visiteurs n'ont pas accès à l'allée privée où est située la villa.

***La Bastide du Bosquet**, 14 chemin des Sables, Juan-les-Pins*

---

5 Guy de Maupassant, *Bel-Ami*, Havard, 1885
6 Guy de Maupassant, « Madame Parisse », texte paru dans *Gil Blas* le 16 mars 1886, puis dans le recueil *La petite Roque*

Le Cap d'Antibes - avenue Guy de Maupassant

La verdoyante avenue Guy de Maupassant, au nord du Cap d'Antibes, relie le boulevard Gardiole Bacon à l'avenue des Pins du Cap.

Antibes - Chalet des Alpes

D'octobre 1886 à avril 1887, Guy de Maupassant réside au Chalet des Alpes, 22 route de la Badine. Le matin, il descend prendre l'air dans le jardin d'où l'on aperçoit Nice à l'horizon, puis, dans son cabinet de travail situé au deuxième étage, il écrit jusqu'au déjeuner, auquel sont parfois conviées quelques Altesses de Cannes. En début d'après-midi, il se promène, soit dans les forêts des environs, soit à bord du Bel-Ami.

***Chalet des Alpes**, 22 route de la Badine*

Cannes - villa Continentale

De janvier à mai 1888, Guy de Maupassant réside à la villa Continentale, au 6 de la rue qui porte aujourd'hui son nom. Il travaille à *Fort comme la mort*. Sa mère, qui partage l'appartement avec lui, n'apprécie guère la violence du dénouement qui conduit Olivier Bertin sous les roues d'un omnibus. En novembre de la même année, il revient à Cannes. Sa mère déménage alors dans une villa voisine. Il a récupéré des meubles de famille et arrange son intérieur avec notamment un lit empire, une table Louis XVI qui lui sert de bureau, ainsi qu'un petit secrétaire de la même époque, composé de tiroirs à secrets, sur lequel il écrit sa correspondance. Il rêve d'une grande maison remplie de jolies choses et d'objets rares : « Ce serait pour moi l'idéal de vivre dans un calme parfait, de passer mes journées entières à contempler ce qui me ferait plaisir, loin de ce train mondain qui me fatigue tant, que je suis obligé de suivre et que je déteste. »[7] Guy de Maupassant se promène en mer sur le Bel-Ami et poursuit la rédaction de *Fort comme la mort* qu'il achève bientôt. En mars 1889, il repart pour Paris, quelques jours avant la parution du roman qui rencontre un véritable triomphe.

***Villa Continentale**, 6 rue Guy de Maupassant*

---

7 Cité par François Tassart, *Souvenirs sur Guy de Maupassant par François son valet de chambre*, 1911

Cannes - Chalet de l'Isère

Guy de Maupassant s'installe au Chalet de l'Isère, son dernier domicile, en novembre 1891. L'arrière-saison est belle. Dans le jardin, il cultive les fleurs, accordant une attention toute particulière à une corbeille d'œillets. Il navigue toujours, et travaille à un nouveau roman, *L'Angélus*, commencé quelques mois auparavant. Son état de santé s'est fortement dégradé, conséquence de la syphilis qui le ronge depuis quinze années. Il souffre d'insomnies, se sent persécuté. Il se renferme davantage encore sur lui-même, tenant de plus en plus souvent des propos incohérents.

Au lendemain de Noël, il revient d'une promenade sur l'avenue de Grasse totalement épouvanté. Il a rencontré un fantôme. Le jour d'après, ce sont ses jambes qui le trahissent lors d'une sortie en mer à bord du Bel-Ami. « Je suis absolument perdu, écrit-il peu après à son médecin. C'est la mort imminente et je suis fou. Ma tête bat la campagne. Adieu ami, vous ne me reverrez pas. »[8]

Le 1er janvier 1892, il se rend à Nice, bien qu'il se sente terriblement faible, pour déjeuner avec sa mère. Au milieu de la nuit suivante, son valet de chambre l'entend crier. Il accourt et le trouve la gorge ouverte. N'ayant pu utiliser le revolver dont les balles avaient été retirées par précaution, Guy de Maupassant s'est tranché la carotide avec un coupe-papier. Il quittera bientôt la Côte d'Azur pour être interné. Le Chalet de l'Isère existe toujours. C'est aujourd'hui un petit hôtel. Une plaque a été apposée sur la façade.

Chalet de l'Isère,
42 avenue de Grasse

Cannes - le port

Le 6 janvier 1892, Guy de Maupassant est transporté par le train à la clinique du Docteur Blanche à Passy. Avant de quitter définitivement Cannes, il est emmené sur le port afin qu'il se console une dernière fois à ce paysage qu'il aimait tant. Chancelant, soutenu par deux infirmiers, les bras emprisonnés dans une camisole de force, il regarde son voilier briller sous le ciel bleu. Ce spectacle semble l'apaiser. Son regard s'adoucit. En quittant le port, il se retourne plusieurs fois pour emporter cette image avec lui.

---

8 Guy de Maupassant, *Lettre à Henry Cazalis*, fin décembre 1891
9 Guy de Maupassant, « Tremblement de terre », *Gil Blas*, 1er mars 1887
10 Certaines études indiquent Fécamp

Nice - villa des Ravenelles

Guy de Maupassant rend régulièrement visite à sa mère qui habite, à partir de l'été 1890, la villa des Ravenelles à Nice, une maison d'un étage qui domine la mer. La demeure existe toujours. Elle se trouve au bout de la rue Auguste Renoir, à l'ombre des immeubles de la rue de France construits depuis lors.
L'hiver suivant, Guy de Maupassant loue un appartement, à mi-chemin entre la villa des Ravenelles et le port, dans un jardin d'orangers. Il vantait déjà les splendeurs de Nice en 1887 : « La soirée avait été fort belle et j'étais resté debout assez tard à regarder le ciel criblé d'étoiles, et là-bas, de l'autre côté du large golfe, Nice illuminée, Nice chantant et dansant par ce dernier soir de carnaval. »[9]

Nice - avenue Guy de Maupassant

L'avenue Guy de Maupassant, pourtant parallèle au boulevard de Gorbella, offre calme et végétation, à l'abri des bruits de la ville autour.

Guy de Maupassant en quelques dates

1850 : naissance au château de Miromesnil à Tourville-sur-Arques (Seine-Maritime)[10]
1875 : *La Main d'écorché*, premier conte (sous le pseudonyme de Joseph Prunier, dans L'*Almanach lorrain de Pont-à-Mousson*)
1880 : *Boule de suif* (dans le recueil collectif *Les soirées de Médan*, Charpentier)
1881 : *La Maison Tellier*, Havard
1883 : *Une vie* (roman publié d'abord en feuilleton dans *Gil Blas*), Havard
1883 : *Contes de la bécasse*, Rouveyre et Blond
1885 : *Bel-Ami* (roman publié d'abord dans *Gil Blas*), Havard
1887 : *Mont-Oriol* (roman publié d'abord dans *Gil Blas*), Havard
1888 : *Sur l'eau* (texte publié d'abord dans *Les Lettres et les Arts*), Marpon et Flammarion
1889 : *Fort comme la mort* (roman publié d'abord dans *La Revue Illustrée*), Ollendorff
1890 : *Notre cœur* (roman publié d'abord dans *La Revue des Deux Mondes*), Ollendorff
1893 : mort à Paris

Raoul Mille

Raoul Mille n'a pas grandi à Nice, mais il y vit depuis cinquante ans. De cette longue histoire d'amour sont nés des écrits où le romancier et journaliste, dans un cadre souvent historique, met en lumière la beauté et la sensualité de la ville.

Il a notamment été couronné par le prix Interallié en 1987 pour Les Amants du paradis *et par le prix Nice Baie des Anges en 1997 pour* Le Paradis des tempêtes.

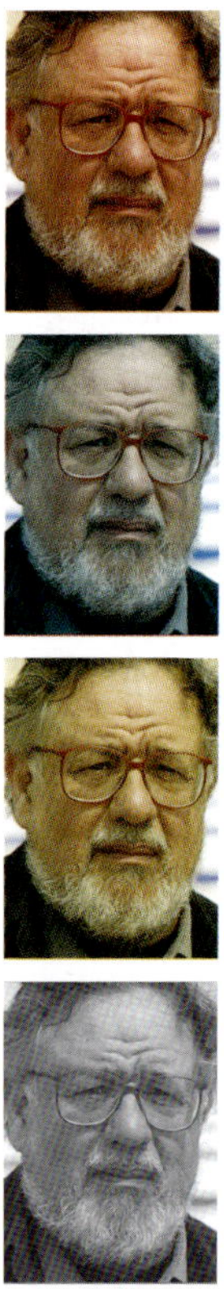

En quelques mots

Né d'un père nordique et d'une mère monégasque, Raoul Mille pose ses bagages à Nice alors qu'il est adolescent. L'aspect romanesque de la ville, où tant d'artistes ont séjourné, le conquiert rapidement. En 1973, il publie *Les Chiens ivres*, chez Albin Michel. Il conduit dès lors sa carrière d'écrivain en parallèle avec son métier de journaliste. *Les Amants du paradis* sort chez Grasset en 1987. Dix ans plus tard, paraît le premier tome d'une trilogie historique et colorée sur le Comté de Nice, intitulé *Le Paradis des tempêtes*, suivi en 1999 par *Les Enfants perdus de l'Empereur* et en 2001 par *Le Héros des deux mondes*. *Ma Riviera* rassemble ensuite, en quatre volumes, les chroniques que le romancier a signé chaque dimanche dans *Nice-Matin* et *Var-Matin*, galerie de portraits de personnages qui ont façonné la légende de la Côte d'Azur, tels Garibaldi, Raoul Dufy, Alexis et Gustave-Adolphe Mossa ou encore Marie Bashkirtseff, à qui il consacre un ouvrage entier en 2004.

Raoul Mille continue encore aujourd'hui de célébrer Nice. Il est devenu Conseiller municipal, subdélégué à la culture, à la littérature, à la lutte contre l'illettrisme et à l'histoire.

INTERVIEW DE RAOUL MILLE

Raoul Mille a très aimablement accepté de nous parler fin 2009 de cette longue histoire d'amour qui le lie à Nice et de sa passion pour la littérature.

Qu'y a-t-il de niçois en vous ?
Je dirais tout. Tout ce qu'un homme doit apprendre, les chemins qu'il doit emprunter, tout cela est toujours associé à un lieu ou à plusieurs lieux. Pour moi, c'est associé à Nice, qui a été le fondement de ma vie. Arrivé ici à l'adolescence avec mes parents, je me suis de plus en plus intéressé à la ville, d'abord comme journaliste, puis je me suis pris d'amour pour son histoire. Et c'est à partir de là que je me suis senti profondément niçois.

Quels sont vos lieux préférés à Nice aujourd'hui ?
Ceux d'hier, ce qu'il en reste. Le port, et particulièrement tout ce qui est au-dessus du port, c'est-à-dire le Château de l'Anglais, les jardins, le Mont Boron, toute cette route qui va rejoindre la basse corniche. On y trouve encore un parfum, de belles maisons, quelques jolis parcs. Il y a la vieille ville aussi, son ambiance, son architecture, ses églises et leurs peintures. Et j'aime Cimiez, tous ces endroits verdoyants pleins de charme et de douceur.

Que gardez-vous comme souvenirs du Nice d'avant ?
Lorsque je suis arrivé, il a fallu que je m'adapte à ce pays, tellement différent du Nord. Ensuite est venue la connaissance. Et de cette connaissance est né un amour. J'ai vu la démolition de l'hôtel Ruhl et du Casino Municipal qui se trouvait place Masséna. Il y a des choses qui ont changé et qui étaient chouettes à l'époque. Tout le quartier de la zone piétonne n'était pas encore piéton. C'était un quartier extraordinaire la nuit avec ses bistrots, et avec toutes les rues à côté tapissées de jeunes dames vendant leurs charmes, ce qui provoquait une ambiance tout à fait formidable. Il y a avait aussi la présence de la marine américaine. C'était animé, c'était vivant. Moi, j'aime la vie ! Mais Nice demeure une très belle ville. Il y a encore de très beaux immeubles haussmanniens, et une certaine douceur de vivre que l'on ne trouve pas ailleurs. Les couchers de soleil sont superbes. De la Promenade des Anglais, à l'automne, il suffit de lever les yeux sur le décor derrière pour découvrir ce superbe ciel rouge. Et le matin, très tôt, la lumière se fait suave et laiteuse et se reflète sur la mer parfaitement immobile. C'est magnifique !

Vous avez beaucoup écrit sur des personnages et des destins qui appartiennent aux siècles passés. Pourquoi ?
J'aime beaucoup ce Nice d'époque. La ville possède une histoire très riche du début du XVIIIe siècle jusqu'à aujourd'hui qui me permet de développer, à travers des personnages hors du commun, ma vision du monde. Le Nice de la

fin du XIXe siècle devait être tout à fait merveilleux par ce qui s'y passait, par la douceur d'y vivre, par la beauté des paysages qui n'étaient abîmés par rien. C'est ce qui ressort de tous les témoignages que j'ai recueillis de ceux qui y habitaient alors, des témoignages de personnes déjà âgées lorsque j'étais jeune. Certes, les gens n'avaient pas beaucoup d'argent. Les paysans vivaient de peu, de leurs cultures, de leurs élevages, mais ils vivaient bien. Et ils étaient heureux.

Après toutes ces années passées à Nice, vous sentez-vous profondément niçois ou tout de même différent de ceux qui y sont nés ?
Je ne suis inconditionnel de rien. Je suis niçois mais je ne joue pas la carte de l'intégrisme. J'aime Nice mais je ne me délecte pas du fait niçois. Les Niçois d'origine ont seulement pris la peine de naître ici. Moi, j'ai choisi Nice. Ils ont suivi leur route. Moi, j'ai bifurqué.

Qui sont vos écrivains favoris ?
J'adore Jean Giono, Gustave Flaubert, Stendhal, Guy de Maupassant et Alexandre Dumas, cette littérature du XIXe siècle m'enchante. J'aime aussi beaucoup Ernest Hemingway, Henry Miller, Stefan Zweig. Finalement, j'apprécie les auteurs qui bâtissent plus sur l'émotion que sur le déploiement intellectuel.

Si vous deviez choisir un titre parmi vos ouvrages pour permettre à ceux qui ne vous ont pas encore lu de vous découvrir, quel serait-il ?
Ce serait la saga *Le Paradis des tempêtes*, *Les Enfants perdus de l'Empereur*, *Le Héros des deux mondes*. Elle est très représentative de ce que je fais et de ce que j'aime faire. D'autre part, je tiens beaucoup à *La Force du père*, car j'y raconte l'histoire de mon père, c'est ma vie. Mais peut-être s'adresse-t-il davantage à ceux qui me connaissent un peu. Et je suis attaché aussi à mon dernier-né, *Le Parfum d'Helena*.

LA CÔTE D'AZUR DE RAOUL MILLE

Raoul Mille se définit « sans racine, sans terroir. (…) Être de nulle part, c'est être de partout »[1]. Aussi, lorsqu'il débarque à Nice par le train de nuit avec ses parents qui ne savent ni où ils vont loger, ni s'ils trouveront du travail, il est prêt à toutes les aventures. Et peu à peu, la ville devient sienne. Il y connaît ses premiers émois, ses premières souffrances, ses premières leçons de vie, et d'authentiques amitiés.

1, 2, 5, 6 Raoul Mille, *Nice, la vision intime d'un écrivain*, Veyrier, 1979
3, 4 Raoul Mille, *Les Amants du paradis*, Grasset & Fasquelle, 1987

Nice - l'hôtel Negresco

Dans *Nice, la vision intime d'un écrivain*, Raoul Mille raconte notamment l'histoire du Negresco, loue sa démesure, ainsi que la finesse de la cuisine servie au restaurant Le Chantecler qu'il compare à une promenade « le soir dans un jardin, [où] tous les parfums sont là, exhalés, transcendés et cependant tels qu'en eux-mêmes »[2].
Le célèbre palace apparaît aussi dans *Les Amants du paradis* : « Edoardo, le premier soir, pensa qu'il n'avait jamais croisé un regard aussi solitaire. »[3] Ainsi commence l'histoire d'amour tourmentée qui va le lier à Gloria, une chanteuse juive qui fréquente les chefs de la milice, avec pour décor Nice occupée et son marché noir. Edoardo est assistant de cinéma sur *Les Enfants du paradis* de Marcel Carné. Il partage une chambre du dernier étage du Negresco, payée par la production, avec Bruno, « faux Argentin, faisant danser tous les après-midi au thé du Ruhl les derniers couples à refuser l'irrémédiable »[4]. Bientôt, le tournage du film étant interrompu, Edoardo s'installe chez Gloria. Mais les fugues répétées de celle-ci ternissent leur romance.

Hôtel Negresco, 37 Promenade des Anglais

Nice - les arènes de Cimiez

Raoul Mille propose de découvrir Cimiez pendant le Festival de Jazz. « Et là, dans le vert tendre des pelouses soigneusement ratissées, arrosées »[5], il est agréable d'écouter les notes des héritiers de Stan Getz, de Dizzy Gillepsie, et de Lionel Hampton dans le mouvement de la foule qui se presse, qui boit, qui mange, se promène, marque le rythme, et danse. L'atmosphère est magique et « cette musique, certains soirs, sait être la plus belle du monde »[6].

Raoul Mille en quelques dates

1941 : naissance à Paris
1973 : *Les Chiens ivres*, Albin Michel
1979 : *Nice, la vision intime d'un écrivain*, Veyrier
1987 : *Les Amants du paradis*, Grasset & Fasquelle, Prix Interallié
1993 : *Père et mère*, Flammarion, prix Paul Léautaud
1997 : *Le Paradis des tempêtes*, tome I, Albin Michel, prix Nice Baie des Anges
1999 : *Les Enfants perdus de l'Empereur*, tome II, Albin Michel
2001 : *Le Héros des deux mondes*, tome III, Albin Michel
2002 : *Ma Riviera, chroniques*, Gilletta – Nice-Matin
2004 : *La Force du père*, Albin Michel
2004 : *Le roman de Marie Bashkirtseff*, Albin Michel
2009 : *Le Parfum d'Helena*, Albin Michel
2010 : *Le Roman de Napoléon III*, Le Rocher

Patrick Modiano

Au fil de son œuvre, Patrick Modiano aborde avec grande élégance des thèmes tels l'absence et la perte d'identité. Il parvient à instaurer un délicieux équilibre entre des personnages à la destinée mystérieuse, une ligne de temps abolie, et des indications géographiques rigoureuses, points d'ancrage révélés lieux de mémoire de ce qui n'est plus.
Si Paris est le plus souvent au centre de ses romans, il a cependant évoqué la Côte d'Azur dans plusieurs de ses livres, notamment dans Rue des Boutiques Obscures, *prix Goncourt 1978.*

En quelques mots

Patrick Modiano naît à la fin de la guerre, « d'un juif et d'une Flamande qui s'étaient connus à Paris sous l'Occupation »[1], période trouble qui hante nombre de ses ouvrages. Il passe la majeure partie de sa jeunesse en pension, au milieu « des enfants mal-aimés, des bâtards, des enfants perdus »[2], privé de la présence de son père, dont les activités apparaissent douteuses, et de sa mère, une actrice qui ne lui montre guère d'affection. Il perd ainsi sa seule attache familiale lorsque son frère Rudy meurt en 1957, à l'âge de neuf ans.
Le 1er juillet 1966, il prend un train pour le sud. Dix heures de trajet sont alors nécessaires pour rejoindre la Côte d'Azur. Il loue une chambre sur la petite place de La Garde-Freinet (Var). À la terrasse d'un café, à l'ombre, un après-midi, il commence son premier roman. Et c'est lors de ce même été qu'il fête ses vingt-et-un ans. Au printemps suivant, à Paris, il apprend que son manuscrit est accepté.
Une trentaine de livres plus tard, il prend toujours plaisir à s'adonner longuement à la rêverie qui précède l'écriture, à rassembler des morceaux de phrases dans son esprit, mais il ne rédige pas plus d'une heure par jour.

« JE ME SOUVIENS DE TOUT... » : RENCONTRE AVEC BERNARD PIVOT

Lorsqu'on lui confie la création d'un numéro d'*Empreintes*, collection documentaire proposée par France 5, Bernard Pivot choisit Patrick Modiano, car « aucun romancier ne lui ressemble, ni par le style, ni par les thèmes de l'œuvre ». Le film de cinquante-deux minutes, intitulé « Je me souviens de tout... » et réalisé par Antoine de Meaux, s'ouvre sur un moment très émouvant. L'écrivain, aussi doué que discret, ouvre la porte de son appartement au journaliste. À peine installé, il lui montre une petite enveloppe, dont le cachet de la poste indique la date du 18 avril 1968 et qui contient une carte de visite : « Monsieur, Vous avez écrit un livre remarquable, d'une originalité inhabituelle – stupéfiant en ces temps grisâtres. » Bernard Pivot travaillait alors pour *Le Figaro littéraire* et avait lu *La place de l'étoile* sur épreuves. C'est la première impression de lecteur reçue par Patrick Modiano qui, encore aujourd'hui, la garde comme un talisman. La lettre de félicitation sollicitait aussi un entretien. Ce fut le premier d'une longue série puisque Bernard Pivot a ensuite invité l'écrivain dans ses émissions de télévision *Apostrophes* puis *Bouillon de culture* à l'occasion de la sortie de la plupart de ses livres

Dimanches d'août

Jean et Sylvia fuient les bords de la Marne pour se réfugier à Nice. Ils ont en leur possession un diamant de très grande valeur appelé la Croix du Sud[3]. Ils craignent l'apparition d'un certain Villecourt. Et bientôt, leur route croise celle d'un couple américano-anglais du nom de Neal, roulant à bord d'une voiture où figurent les initiales CD (corps diplomatique) et montrant un intérêt appuyé pour le bijou. Sous la plume de Patrick Modiano, la ville azuréenne se nimbe alors d'un voile de mystère et d'une poésie toute particulière.

1, 2 Patrick Modiano, *Un pedigree*, Gallimard, 2005

3 Dans *Un pedigree*, Patrick Modiano évoque à nouveau le diamant la Croix du Sud. Son père l'a acheté pendant l'Occupation à Georges Giorgini-Schiff, un banquier italien. Il tente ensuite de le revendre après la guerre, lorsqu'il n'a plus d'argent.

La côte d'Azur de Patrick Modiano

En 1959, Patrick Modiano passe les vacances de Pâques à Monte-Carlo. Un camarade de pensionnat l'a en effet invité chez sa grand-mère, la marquise de Polignac, afin que l'adolescent échappe un temps à la lourde atmosphère de l'établissement. Au cours de ces quelques jours, le futur écrivain feuillette les albums photos de la famille et apprend à conduire au volant d'une 15 CV sur une route en lacet. Il aura aussi l'occasion de se rendre à Nice pour voir Luis Mariano au cirque Pinder.
Le roman *Une jeunesse* se termine justement sur un départ pour Nice, qui est déjà apparue dans *Livret de famille* et *Rue des Boutiques Obscures* et deviendra le cadre de *Dimanches d'août.*

Nice - coin Gambetta-Buffa

Dimanches d'août commence au coin du boulevard Gambetta et de la rue de la Buffa. Jean y aperçoit, sur une sorte de podium, un homme vendant des vestes et des manteaux de cuir, qu'il a connu sept ans plus tôt. Après quelques mots échangés, ils vont boire un verre à côté du cinéma le Forum (devenu aujourd'hui une boîte de nuit) sur la Promenade des Anglais. Ils évoquent alors Sylvia…

Nice - hôtel Majestic

Toujours dans *Dimanches d'août*, Jean travaille désormais dans un garage, situé en contrebas du Majestic. Il habite d'ailleurs l'ancien hôtel, qui a été transformé en immeuble d'appartements. Son studio est au 2e étage, ex-chambre numéro 252, comme l'indique une plaque de cuivre à l'intérieur de l'armoire. Le lit et la table de nuit sont aussi d'origine, mais le faste d'antan a disparu.

Le Majestic, 4 boulevard de Cimiez

Nice - le jardin Alsace-Lorraine

« J'aime cet endroit, à cause des pins parasols et des immeubles qui se découpent si nets dans le ciel. »[4] Le jardin Alsace-Lorraine, décrit dans *Dimanches d'août*, rappelle à Jean la période où il vivait avec Sylvia. Ils s'étaient rencontrés sur les bords de la Marne. Lui préparait alors un ouvrage de photographies intitulé *Plages fluviales*, elle vivait avec un certain Villecourt et la mère de celui-ci. Lorsqu'elle l'avait rejoint à Nice, ils s'étaient installés à la villa Sainte-Anne, une pension meublée de la rue Caffarelli. Le matin, ils allaient lire les journaux dans le jardin Alsace-Lorraine, près du toboggan et des balançoires. Ils s'y sentaient en sécurité. Ils étaient persuadés que personne n'y viendrait les chercher. L'après-midi, ils se promenaient à Cimiez ou dans le Vieux Nice. Le jardin Alsace-Lorraine est situé au coin des boulevards Gambetta et Victor Hugo.

Nice - le bar du Negresco

C'est au bar du Negresco que Jean, le narrateur de *Dimanches d'août*, voit apparaître Villecourt pour la première fois à Nice. Deux jours plus tard, il l'aperçoit sous les arcades place Masséna, sortant de la Maison de la Presse. Il essaie de se soustraire à son regard et entraîne Sylvia, mais Villecourt les a repérés. Celui-ci les rattrape sur la rue piétonne, devient insistant. Tentant de se dégager, Jean le heurte aux lèvres d'un coup de coude. Malgré le sang qui coule, Villecourt se fait plus pressant encore, répète qu'il veut absolument leur parler, puis les menace. Le couple se met à courir et lui échappe enfin. Il passe par la Promenade des Anglais puis se réfugie dans le jardin Alsace-Lorraine. La journée est trop belle « pour qu'un fantôme comme Villecourt résiste à ces couleurs estivales. Il ne tiendrait pas le coup. Il se dissiperait dans l'air où flottait un parfum de mimosa. »[5]

Hôtel Negresco, 37 Promenade des Anglais

Nice - le restaurant Garac

Jean et Sylvia rencontrent les Neal au Queenie, un café de la Promenade des Anglais. Virgil est américain, Barbara est anglaise. Ils habitent depuis longtemps dans la région et les invitent bientôt chez eux, à la villa Château Azur, située boulevard de Cimiez, un peu avant l'hôtel Régina. L'homme propose alors à Jean de lui acheter le diamant la Croix du Sud. Il voudrait l'offrir à sa femme pour leurs dix ans de mariage. Ils se revoient tous les quatre lors d'un dîner à Coco-Beach. « Toute la baie des Anges s'ouvrait devant Sylvia et moi avec ses trous d'ombre et ses lumières plus vives, par endroits. Des projecteurs éclairaient les rochers et la pièce montée du monument

4, 5 Patrick Modiano, *Dimanches d'août*, Gallimard, 1986

aux morts au pied de la colline du Château. Là-bas, le jardin Albert-Ier était illuminé ainsi que la façade blanche et le dôme rose du Negresco. »[6] Les Neal proposent ensuite de poursuivre la soirée à Cannes. Jean accepte de mauvaise grâce et espère bien leur fausser compagnie en chemin. Il fait signe à Sylvia, attendant un feu rouge à la hauteur du Jardin Albert-Ier. Mais arrivés quai Cassini, Barbara réclame des cigarettes. Neal s'arrête et demande à Jean d'aller en chercher au restaurant Garac. Celui-ci s'exécute, mais lorsqu'il ressort de l'établissement, la voiture a disparu…
Le restaurant Garac, qui n'existe plus aujourd'hui, était vraisemblablement situé 2 boulevard Carnot, au coin du Quai des deux Emmanuel.

Nice - l'église russe de la rue Longchamp

Dans *Rue des Boutiques Obscures*, Hutte, ancien détective privé et ex-employeur de Guy Roland, part prendre sa retraite à Nice, la ville de son enfance. Dans une lettre, il évoque l'église russe de la rue Longchamp, la pièce entourée de bibliothèques vitrées où sa grand-mère l'emmenait chaque mercredi, lorsqu'il était petit, pour y emprunter des ouvrages, et le jardin « plein d'ombre, avec de grands palmiers et des eucalyptus »[7].

Église russe, 6 rue Longchamp

Antibes - Juan-les-Pins - hôtel Provençal

Dans *Voyage de noces*, Jean rencontre un couple sur la route du bord de mer, à la sortie de Saint-Raphaël, qui le prend en auto-stop et lui offre l'hospitalité dans une petite maison près de la plage de Pampelonne. Il apprendra que Rigaud et Ingrid ont vécu à Juan-les-Pins pendant la guerre. Il avait vingt-et-un ans et elle seize, et avaient franchi la ligne de démarcation en fraude.

6 Patrick Modiano, *Dimanches d'août*, Gallimard, 1986
7 Patrick Modiano, *Rue des Boutiques Obscures*, Gallimard, 1978
8, 9 Patrick Modiano, *Voyage de noces*, Gallimard, 1990

Ils ont séjourné à l'hôtel Provençal à partir du printemps 1942, où un seul étage était resté ouvert. Leur chambre du cinquième, à l'arrière, donnait sur une rue qui descendait vers la mer et sur la pinède. Le soir, « le toit de l'église et les pins parasols se découpaient au clair de lune »[8]. C'était le début du rationnement sur la Côte d'Azur. Le matin, ils se rendaient sur la plage, entre le Casino et le début de la route du Cap, où quelques transats étaient encore disponibles. Mais le concierge les prévient bientôt que des descentes de police sont annoncées pour la semaine suivante. Rigaud et Ingrid passent une dernière nuit dans la chambre 116, au premier, puis déménagent à la villa Saint-Georges, tout près de là. La guerre continue. Il faut vivre dans l'obscurité, ne pas se faire remarquer, dans ce « Juan-les-Pins fantomatique [...] où l'on vivait au marché noir avec de faux papiers dans ses poches. »[9]

Longtemps laissé à l'abandon, l'hôtel Provençal, ancien palace mythique, est sur le point d'être transformé en une résidence luxueuse de soixante appartements. Ainsi, le visiteur n'a plus l'opportunité d'y passer quelques nuits. En revanche, la plage du même nom est toujours ouverte.

22 boulevard Edouard Baudoin

Patrick Modiano en quelques dates

1945 : naissance à Boulogne-Billancourt (Hauts-de-Seine)
1968 : *La place de l'étoile*, Gallimard, prix Roger Nimier et prix Fénéon
1969 : *La ronde de nuit*, Gallimard
1972 : *Les boulevards de ceinture*, Gallimard, Grand Prix du roman de l'Académie française
1974 : *Lacombe Lucien*, film de Louis Malle (scénario)
1978 : *Rue des Boutiques Obscures*, Gallimard, prix Goncourt
1981 : *Une jeunesse*, Gallimard
1984 : *Quartier perdu*, Gallimard
1986 : *Dimanches d'août*, Gallimard
1990 : *Voyage de noces*, Gallimard
1996 : Grand Prix national des Lettres pour l'ensemble de son œuvre
1996 : *Du plus loin de l'oubli*, Gallimard
1997 : *Dora Bruder*, Gallimard
2001 : *La Petite Bijou*, Gallimard
2003 : *Accident nocturne*, Gallimard
2005 : *Un pedigree*, Gallimard
2007 : *Dans le café de la jeunesse perdue*, Gallimard
2010 : *L'Horizon*, Gallimard

FRIEDRICH NIETZSCHE

Friedrich Nietzsche renonce à sa nationalité prussienne en 1869, déclarant que c'est à Wagner et à Schopenhauer qu'il devait « d'être resté fermement attaché jusqu'ici au sérieux germanique de la vie »[1]. Profondément visionnaire et souvent mal compris, il est le premier à prendre conscience de manière aussi aiguë et articulée du danger d'un nihilisme naissant dans une société en perte de spiritualité.
*Philosophe apatride à la santé fragile, il passe tous ses hivers à Nice entre 1883 et 1888. C'est d'ailleurs là qu'il écrira notamment les parties III et IV d'*Ainsi parlait Zarathoustra.

En quelques mots

Fils et petits-fils de pasteurs luthériens, Friedrich Nietzsche n'a pas encore cinq ans lorsque son père meurt, suivi de quelques mois par son frère Joseph. Élevé dans un climat féminin, il apprend le piano et compose des mélodies. Pourtant, c'est la théologie qu'il choisit lorsqu'il commence ses études supérieures en 1864, avant de se consacrer exclusivement, dès l'année suivante, à la philologie classique. Il est professeur à l'Université de Bâle lorsque paraît *La Naissance de la tragédie* en 1872. Quatre ans plus tard, des problèmes de santé l'obligent à abandonner l'enseignement. Il mènera désormais une existence errante à travers l'Allemagne, la Suisse, et l'Italie, avant de découvrir avec délectation Sils-Maria en Haute Engadine et Nice.
Le 3 janvier 1889 à Turin, Friedrich Nietzsche sort de sa maison et aperçoit à la station de fiacres, sur la piazza Carlo Alberto, un cocher qui maltraite son cheval. Il se jette alors au cou de la pauvre bête martyrisée, puis s'écroule en sanglotant. Il ne recouvrera plus jamais la raison. Jusqu'à sa mort à Weimar en 1900, son état de santé ne cesse de se dégrader. Cependant, même lorsqu'il perdra l'usage des mots, il poursuivra avec talent les improvisations au piano. « Sans la musique, la vie serait une erreur »[2], avait-il écrit.

« DIEU EST MORT. » (NIETZSCHE)...
« NIETZSCHE EST MORT. » (DIEU)

« Dieu est mort », a proclamé Friedrich Nietzsche, prophète et clinicien du nihilisme. Cependant, comme le précise Albert Camus dans *L'Homme révolté*, le philosophe « n'a pas formé le projet de tuer Dieu. Il l'a trouvé mort dans l'âme de son temps ». Cette prise de conscience implique que l'ensemble du système de valeurs de notre civilisation basé sur le christianisme est ainsi remis en question.
Il s'agit donc de s'en libérer, non pas pour tendre à l'avènement d'une apocalypse mais pour parvenir à la possibilité de son dépassement, afin de devenir des esprits libres, en accédant au statut de surhomme.

Ainsi parlait Zarathoustra

Lorsque Friedrich Nietzsche arrive à Nice la première fois en décembre 1883, les deux premières parties d'*Ainsi parlait Zarathoustra* sont déjà écrites et publiées. L'idée de ce dithyrambe à la solitude s'impose à lui dès 1881, dans la forêt suisse, le long du lac de Silvaplana, « tel un éclair, (...) avec une nécessité absolue, sans hésitation ni recherche »[3], au moment où il fait halte au pied d'un bloc de rocher pyramidal. Seront rédigées à Nice la partie III, qui a pris forme dans l'esprit du philosophe sur le sentier menant à Eze lors de son premier séjour sur la Côte d'Azur, et la partie IV, l'hiver suivant, pour laquelle il ne trouvera pas d'éditeur. Il la fera alors imprimer à ses frais, à quarante exemplaires.
Ce n'est qu'en 1892 qu'est publiée la première version intégrale d'*Ainsi parlait Zarathoustra*.

1 Friedrich Nietzsche, « *Lettre à Wagner* », 22 mai 1869
2 Friedrich Nietzsche, *Crépuscule des idoles*, 1889
3 Friedrich Nietzsche, *Ecce Homo*, Mercure de France, 1909

LA CÔTE D'AZUR DE FRIEDRICH NIETZSCHE

Friedrich Nietzsche passe cinq hivers à Nice de 1883 à 1888. Il en apprécie le climat et profite de la nature alentour pour effectuer de longues promenades. Lors de son premier séjour, il écrit : « Nice est, de toute évidence, le premier endroit qui me fasse du bien (...) Sous un ciel pareil, j'arriverai bien à faire progresser l'œuvre de ma vie, l'œuvre la plus dure et la plus riche en renoncements qu'un mortel se puisse imposer. »[4]

Nice - 38 rue Catherine Ségurane

Friedrich Nietzsche arrive à Nice le 2 décembre 1883. Il occupe une chambre avec de hautes fenêtres à l'étage du 38 rue Catherine Ségurane. « Cette magnifique plénitude de lumière a sur moi, mortel très supplicié (et si souvent désireux de mourir), une action quasi miraculeuse »[5], s'émerveille-t-il alors. Il se réjouit d'avoir trouvé résidence dans la partie italienne de la ville (il déménagera cependant ensuite Villa Mazzoleni, 39 rue Châteauneuf, puis à la pension de Genève) et de pouvoir désormais bénéficier d'autant de jours d'ensoleillement durant les seuls mois d'hiver qu'à Gênes pendant l'année entière.

Il part chaque matin pour le bord de mer, à la recherche de quelque rocher isolé afin de laisser libre cours à ses pensées. Ainsi, la troisième partie d'*Ainsi parlait Zarathoustra* est écrite « sous le ciel alcyonien de Nice, qui, pour la première fois, rayonna alors dans ma vie », relate-t-il dans *Ecce Homo*. Elle est achevée en janvier 1884 et paraîtra au printemps, alors qu'il quitte Nice pour Venise.

Une plaque a été apposée sur la façade de l'immeuble : « Ici, le 2 décembre 1883, Frédéric Nietzsche commença ses séjours à Nice. »

Nice - pension de Genève

Le 1er février 1884, Friedrich Nietzsche s'installe à la pension de Genève, située petite rue Saint-Étienne, devenue aujourd'hui la rue Rossini. Il y revient en décembre de la même année pour y rester jusqu'en avril 1885. À cette époque, il envisage de s'établir dans la région : « On a à soi tout ce que la nature offre de plus exquis, tels les sentiers sylvestres de la proche montagne ou la presqu'île de Saint-Jean. »[6] Il a enfin trouvé l'endroit où il souhaite vivre, écrit-il d'ailleurs à sa mère. Il s'agit du Cap Ferrat, dont

la flore le charme particulièrement. Il travaille à la partie IV d'*Ainsi parlait Zarathoustra* qu'il termine en février.
À chacun de ses retours à Nice, il loge de nouveau à la pension de Genève. Lors de son troisième hiver sur la Côte d'Azur, il n'y reste que quelques jours avant de déménager rue Saint-François-de-Paule (voir paragraphe suivant). Il compare Nice à Leipzig, à Munich, à Florence, à Gênes. Et « Nice a triomphé dans ce concours. »[7]
L'année suivante, il reste à la pension de Genève d'octobre 1886 à janvier 1887. À l'automne, il rédige le livre V du *Gai Savoir* pour compléter l'ouvrage paru en 1882. Les conditions sont difficiles : sa chambre est orientée nord et ne possède pas de chauffage. Il a les doigts bleuis par le froid.
Il passera ensuite son dernier hiver exclusivement à la pension de Genève. Le mois d'octobre 1887 est frais pour la saison, le mois de novembre pluvieux, mais il a désormais un poêle à disposition. Il se lève à 6 heures 30 et se prépare du thé avec quelques biscottes. Il se promène une heure le matin et trois heures l'après-midi. Après le dîner, il reste au salon jusqu'à 9 heures. En février, il achève la première esquisse d'*Essai de transvaluation de toutes les valeurs*, qui servira de base à *L'Antéchrist*.
À la fin de son séjour, il écrit qu'il n'a jamais passé de meilleur hiver que celui-ci. Sa chambre est aménagée à neuf avec une petite table, une chaise longue, et une bibliothèque. Ici, confie-t-il, « mon esprit se sent mieux éveillé et porte généralement son fardeau d'un cœur plus léger. »[8] Il quitte Nice le 2 avril 1888 pour la dernière fois.

Nice - 26 rue Saint-François-de-Paule

Lorsque Friedrich Nietzsche revient à Nice à la mi-novembre 1885 pour son troisième séjour niçois, il réside d'abord à la pension de Genève, puis déménage quelques jours plus tard au 26 rue Saint-François-de-Paule, où se trouve l'actuel hôtel Beau Rivage, deuxième étage gauche. Sa fenêtre donne sur le square des Phocéens. Le paysage le séduit : « des arbres magnifiques, au loin de grands édifices rougeâtres, la mer et la Baie des Anges à la courbe harmonieuse. »[9]
Pour la première fois de sa vie, il est très satisfait de la chambre qu'il occupe. Elle correspond aussi bien aux exigences de son fragile état de santé qu'à ses goûts personnels. Il bénéficie d'une grande table de travail et d'un fauteuil Voltaire. Le papier peint est ocre et son lit fait trois fois la taille de son lit à Naumberg, écrit-il alors à sa mère.
Il achève, pendant l'hiver, *Par-delà bien et mal*, commencé en Haute Engadine au cours de l'été 1885, qu'il publiera, après de nouvelles difficultés avec les éditeurs, à compte d'auteur en août 1886. Puis il rédige l'avant-propos du premier volume de *Humain, trop humain* qui était paru en 1878.

---

4 Friedrich Nietzsche, « Lettre à Malwida de Meysenbug », février 1884
5 Friedrich Nietzsche, « Lettre à Peter Gast », 4 décembre 1883
6 Friedrich Nietzsche, « Lettre à Peter Gast », 24 novembre 1885
7 Friedrich Nietzsche, « Lettre à Franziska Nietzsche », 11 novembre 1885
8 Friedrich Nietzsche, « Lettre à Franziska Nietzsche », 20 mars 1888
9 Friedrich Nietzsche, « Lettre à Peter Gast », 24 novembre 1885

Nice - 29 rue des Ponchettes

Friedrich Nietzsche s'installe au premier étage du 29 rue des Ponchettes en janvier 1887 après avoir logé plusieurs semaines à la pension de Genève, comme à son habitude. Lors de ce quatrième séjour sur la Côte d'Azur a lieu le tremblement de terre du 23 février, qui a sévi sur toute la Ligurie et le pays niçois.
Le matin suivant le séisme qui a jeté les habitants dans la rue, Nietzsche n'éprouve pas la moindre émotion. Il continue à travailler dans sa chambre en toute quiétude. Il parle même d'un « divertissement d'un genre nouveau. Il s'agit de la charmante perspective qui tout à coup s'est entr'ouverte à nous de nous voir engloutis d'un moment à l'autre »[10]. Il raconte également un peu plus tard qu'il a vécu l'évènement « avec un sentiment d'ironie et de froide curiosité »[11]. Cependant, il déplore que le quatrième étage de la pension de Genève, où ont été écrites les parties III et IV d'*Ainsi parlait Zarathoustra*, soit promis à la démolition tant le tremblement de terre a causé de dommages. C'est à cette même époque qu'il découvre *L'Esprit souterrain* de Dostoïevski qu'il lit dans sa traduction française : « Pour moi, il en va de Dostoïevski comme autrefois de Stendhal ; le contact le plus fortuit, un livre feuilleté dans une librairie, un auteur dont on ne connaît que le nom, et soudain un brusque instinct vous avertit que vous avez trouvé un parent. »[12]

Nice - la terrasse Nietzsche

Il n'existe pas de rue Friedrich Nietzsche à Nice, mais une terrasse au sommet de la colline du Château porte son nom. Ce choix aurait réjoui le philosophe qui fuyait l'agitation urbaine pour admirer, dans la solitude, les points de vue que lui offrait la nature : « Beaucoup de coins cachés et de hauteurs silencieuses dans le paysage de Nice ont été sanctifiés pour moi par des moments inoubliables. »[13]

10 Friedrich Nieztsche, « Lettre à Seydlitz », février 1887
11, 12 Friedrich Nieztsche, « Lettre à Peter Gast », 7 mars 1887
13, 14 Friedrich Nietzsche, *Ecce Homo*, Mercure de France, 1909
15 Friedrich Nietzsche, « Lettre à Franziska et Elisabeth Nietzsche», 7 novembre 1884

Eze - le chemin de Nietzsche

Friedrich Nietzsche marche parfois sept ou huit heures de suite, tout en consignant ses pensées dans des carnets. C'est au cours d'une de ses promenades que l'inspiration pour « Des vieilles et des nouvelles Tables », la troisième partie d'*Ainsi parlait Zarathoustra*, lui est venue. Celle-ci « fut composée pendant une montée des plus pénibles de la gare au merveilleux village maure Eza, bâti au milieu des rochers. L'agilité des muscles fut toujours la plus grande chez moi lorsque la puissance créatrice était la plus forte. »[14] Le sentier emprunté si souvent par le philosophe, et évoqué dans *Ecce Homo*, s'appelle désormais le « chemin de Nietzsche ».

Il relie le bord de mer au village d'Eze, dans un paysage sauvage et verdoyant. Un panneau situé à la hauteur de la gare SNCF indique le début de la promenade, deux cents mètres plus loin.

Menton - pension des Étrangers

Pour son deuxième hiver sur la Côte d'Azur, Friedrich Nietzsche gagne d'abord Menton. Il y arrive le 2 novembre 1884 et y restera jusqu'à la fin du mois. Il estime, un temps, que cette ville lui est plus profitable que Nice. Menton est « plus calme, plus grandiose, à proximité immédiate de la montagne et de la verdure »[15]. Il y écrit le poème qui servira d'épilogue à *Par-delà bien et mal*. Dans sa correspondance, il indique qu'il loge alors à la pension des Étrangers, mais il ne précise pas l'adresse.

FRIEDRICH NIETZSCHE EN QUELQUES DATES

1844 : naissance à Röcken (Saxe)
1869 : leçon inaugurale à l'université de Bâle
1872 : *La Naissance de la tragédie*
1878 : *Humain, trop humain*
1882 : *Le Gai savoir*
1883 : *Ainsi parlait Zarathoustra*, parties I et II (publications séparées)
1884 : *Ainsi parlait Zarathoustra*, partie III
1885 : *Ainsi parlait Zarathoustra* partie IV (publication à compte d'auteur)
1886 : *Par-delà bien et mal*
1889 : *Crépuscule des idoles*
1892 : *Ainsi parlait Zarathoustra* (publication intégrale des quatre parties)
1900 : mort à Weimar
1908 : *Ecce Homo*

Louis Nucéra

Les romans de Louis Nucéra invitent à de merveilleuses promenades à travers le temps et la ville de Nice, dont l'écrivain est originaire, à la rencontre de personnages qu'il a connus, croisés ou réinventés, et qu'il évoque toujours avec beaucoup de tendresse.
Auteur d'une vingtaine d'ouvrages, Louis Nucéra a notamment reçu le prix Interallié pour Chemin de la Lanterne *en 1981, ainsi que le Grand Prix de littérature de l'Académie française pour l'ensemble de son œuvre en 1993. La grande bibliothèque de Nice porte aujourd'hui son nom.*

En quelques mots

Lorsque Louis Nucéra obtient son certificat d'études, sa mère le serre contre elle et lui dit : « À présent je suis tranquille. Tu ne mourras pas de faim »[1]. Employé au Comptoir national d'escompte à l'âge de quinze ans (où il se rend déjà à bicyclette), puis journaliste, il part pour Paris en 1964. Il travaille d'abord pour une maison de disques. Six ans plus tard, il publie son premier roman, *L'Obstiné*, préfacé par Joseph Kessel. Il a alors quarante-deux ans. Dès lors, il n'aura de cesse de dépeindre avec bienveillance l'existence et les élans des petites gens, leur courage et leur discrétion, et la grandeur de leurs sentiments parfois plus sincères et plus flamboyants que ceux de bien d'illustres personnages.
Louis Nucéra nourrit deux autres passions : le cyclisme et les chats. À la première, il consacre *Le Roi René : La passion du vélo* (Éditions Le Comptoir) qui retrace la carrière de René Vietto, célèbre coureur du Tour de France des années trente et quarante, et *Mes rayons de soleil* (Grasset & Fasquelle, Grand Prix de littérature sportive 1987). De la seconde naissent aussi plusieurs ouvrages tels *Les Chats* : *Il n'y a pas de quoi fouetter un homme* chez Julliard en 1973, *Entre chien et chat* chez Denoël en 1983, et S*a Majesté le chat* aux Éditions de l'Archipel en 1992. Louis Nucéra meurt lors d'une promenade à vélo en 2002, renversé par une voiture.

« TU M'AS ENTORTILLÉ PAR TA GENTILLESSE »

Les amis de Louis Nucéra se nommaient Joseph Kessel, Georges Brassens, Alphonse Boudard, ou encore Jean Cocteau. Pour les deux premiers, les rencontres ont lieu à Nice dans les années 1950. À l'auteur compositeur interprète, « homme d'amitié, homme délicat »[2], l'écrivain dédie *Le Kiosque à musique*, et à Alphonse Boudard, qu'il a connu à Paris en 1964, le roman *Avenue des Diables-Bleus*. Il recevra de Jean Cocteau les mots suivants : « Tu m'as entortillé par ta gentillesse et je me suis laissé faire, parce que la gentillesse, que les hommes sont en train de perdre, est encore la seule forme de machiavélisme qui me convienne »[3].

Chemin de la Lanterne

L'oncle Antoine, né Antonio, a 88 ans. Le narrateur lui rend visite dans son vieil appartement. L'horloge, les odeurs d'autrefois, la douceur et le silence de l'endroit lui rappellent certains dimanches de son enfance, lorsqu'il accompagnait sa mère chez cet éternel célibataire. L'oncle a passé sa jeunesse au « masage », hameau situé Ancien-Chemin-de-la-Lanterne, dans le quartier Carras à Nice. Il a grandi auprès de Rose. Avec elle, il s'amusait à se marier. 1914. La guerre éclate. Il part pour le front. Elle lui écrit des lettres, glisse des fleurs séchées dans les enveloppes, lui tricote ensuite un pull à col cycliste, souhaite lui confectionner l'écharpe assortie. La mort l'emportera avant. En 1918. Toute sa vie, Antoine restera fidèle à Rose, prisonnier de « son chagrin venu de plus loin que l'entendement, son amour immense et infini comme tout ce qui est humain quand l'homme se décide à être grand »[4].

1 Louis Nucéra, *Mes ports d'attache*, Grasset & Fasquelle, 1994
2 Louis Nucéra, *Le Kiosque à musique*, Grasset & Fasquelle, 1984
3 Louis Nucéra, *Mes ports d'attache*, Grasset & Fasquelle, 1994
4 Louis Nucéra, *Chemin de la Lanterne*, Grasset & Fasquelle, 1981

La côte d'Azur de Louis Nucéra

Les livres de Louis Nucéra sont marqués par l'image de la ville de Nice. Dans *Avenue des Diables-Bleus*, « un livre qui dit la gloire lumineuse des humbles » (Joseph Kessel), et dans *Chemin de la Lanterne*, elle est théâtre de souvenirs. Dans *Le Ruban rouge*, elle accueille des immigrés italiens. Et dans *Le Kiosque à musique*, elle veille sur une rencontre amoureuse. « Nous partagions pour Nice une tendresse qui venait de loin ; l'enfance l'imprégnait toujours. »[5]

Nice - 9 avenue des Diables-Bleus

Le titre du roman *Avenue des Diables-Bleus* désigne le lieu où Louis Nucéra a grandi. C'était au numéro 9, quatrième étage gauche. « La maison se voyait de loin, naguère, avec ses deux bassins sur le toit. »[6] L'écrivain a cinq ans lorsque meurt son père, plombier, et féru de sport, particulièrement de cyclisme, de boxe et d'automobiles. Il lui reste le souvenir d'avoir assisté avec lui plusieurs fois au Grand Prix de Monaco et à la course de côte de la Turbie, dont le départ avait précisément lieu au bout de l'avenue des Diables-Bleus. Jusqu'à sa quinzième année, Louis Nucéra accompagnera sa mère au cimetière tous les jeudis.

Nice - le Bar Niçois

Dans *Chemin de la Lanterne*, Louis Nucéra et son oncle sont installés à la terrasse de ce qui fut autrefois le Bar Niçois. Devant eux, les bateaux. À droite, la digue et le phare. Au-dessus, les collines. Et à perte de vue, la mer. Le mistral se lève. Ils dégustent de la socca, à l'image des dockers de l'époque qui, dès 6h30 du matin, l'accompagnaient pour leur part de « pieds paquets, tripes à la niçoise, pan bagnat, omelette de poutine (en saison), [et] poulpes (...). Sans oublier les sardines »[7]. À midi, le coup de canon se faisait entendre, comme aujourd'hui. C'était l'heure du pastis. Situé sur le port, le Bar Niçois a été créé en 1904. Il est devenu aujourd'hui le restaurant Le Nautique.

Le Nautique, 20 quai Lunel

Nice - le kiosque à musique

Le Kiosque à musique, titre d'un des romans de Louis Nucéra, désigne le kiosque du jardin Albert Ier. C'est l'été. Mireille porte une robe rouge. Elle sent le soleil et l'abricot. « Bonjour, Jean ! » entend alors celui qui, perdu dans ses rêves, l'attend. Dès lors, ils ne se quitteront plus. Ils se promènent, se baignent. Et à chaque fois qu'ils passeront à nouveau devant le kiosque à musique, elle glissera à l'oreille de son compagnon les mêmes mots, afin de perpétuer ce premier rendez-vous.

---

5 Louis Nucéra, *Le Kiosque à musique*, Grasset & Fasquelle, 1984
6, 8 Louis Nucéra, *Avenue des Diables-Bleus*, Grasset & Fasquelle, 1979
7 Louis Nucéra, *Chemin de la Lanterne*, Grasset & Fasquelle, 1981

Le jardin Albert Ier, baptisé ainsi en 1914, est l'un des plus anciens jardins publics de Nice. Il fut aménagé à partir de 1856 sur un terrain marécageux. Il s'est appelé successivement jardin des Phocéens, jardin Paradis, jardin des Plantes, jardin Masséna, et jardin des Palmiers. Le kiosque à musique fut édifié en 1868.

Nice - le cimetière du Château

Lors d'une promenade dans le cimetière du Château évoquée dans *Avenue des Diables-Bleus*, Louis Nucéra s'arrête devant le mausolée élevé en souvenir des morts de l'incendie de l'opéra en 1881, où son arrière-grand-père paternel a failli périr. Il apprécie le calme et le cadre verdoyant de l'endroit. « Mourir pour mourir, c'est en regardant Nice, depuis la colline du château, le cimetière tout à côté, que je voudrais m'en aller. »[8]

Nice - la bibliothèque Louis Nucéra

Inaugurée en 2002, la bibliothèque Louis Nucéra est constituée de deux bâtiments distincts. La Tête Carrée accueille l'administration et la bibliothèque elle-même propose aux lecteurs des centaines de milliers de documents en libre accès et des animations gratuites. Régulièrement, elle organise aussi des expositions. À droite de l'entrée est apposée une plaque où figure une citation de l'écrivain niçois qui célèbre l'amour des livres.

Bibliothèque Louis Nucéra, 2 place Yves-Klein

Louis Nucéra en quelques dates

1928 : naissance à Nice
1970 : *L'Obstiné*, Julliard
1979 : *Avenue des Diables-Bleus*, Grasset & Fasquelle
1981 : *Chemin de la Lanterne*, Grasset & Fasquelle, prix Interallié
1984 : *Le Kiosque à musique*, Grasset & Fasquelle
1991 : *Le Ruban rouge*, Grasset & Fasquelle, prix J. Chardonne 1991 et prix du Sud – Jean Baumel 1992
1993 : Grand Prix de littérature de l'Académie française pour l'ensemble de son œuvre
1994 : *Mes ports d'attache*, Grasset & Fasquelle
1996 : Prix Pierre Mac Orlan pour l'ensemble de son œuvre
1998 : *Ils s'aimaient*, Grasset & Fasquelle
2000 : mort à Carros (Alpes-Maritimes)

Jacques Prévert

Poète et scénariste, figure emblématique de Saint-Paul de Vence, Jacques Prévert a écrit plusieurs recueils de textes et de nombreux films, dont certains sont devenus des classiques absolus. À ses yeux, ces deux activités étaient toute une. « D'ailleurs, a-t-il déclaré un jour, le cinéma et la poésie, c'est quelquefois la même chose. »[1]
*Il a aussi collaboré à plusieurs ouvrages avec les artistes Pablo Picasso, Marc Chagall, Max Ernst, Georges Braque, et Joan Miró, et publié des livres pour enfants (*Le Petit Lion, Guignol, L'Opéra de la Lune*).*

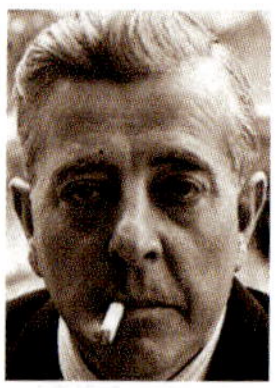

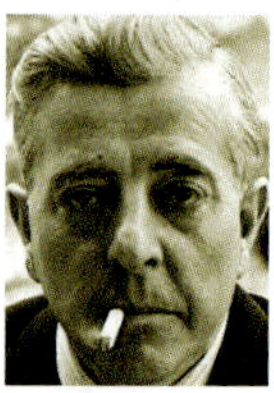
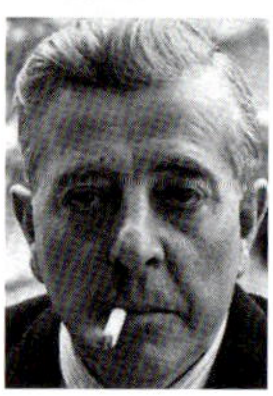

En quelques mots

Après s'être rapproché un temps du mouvement surréaliste, Jacques Prévert s'en détache à la fin des années 1920, suite à un désaccord avec André Breton. À partir de 1932, il devient le principal auteur du groupe Octobre (avec son texte *La Bataille de Fontenoy*, la troupe remporte le premier prix aux Olympiades internationales du théâtre ouvrier à Moscou). Il commence d'autre part à travailler pour le cinéma, notamment pour Pierre Prévert, son frère (*L'affaire est dans le sac*) et pour Claude Autant-Lara (*Ciboulette*). Il collaborera à quarante-cinq films au cours de sa carrière, avec les plus grands réalisateurs, tels Jean Renoir, Marcel Carné, et André Cayatte.
En 1940, il gagne le sud de la France, où il est rejoint par le compositeur Joseph Kosma et le décorateur Alexandre Trauner. Tout au long de la guerre, il continue d'œuvrer avec eux, malgré l'interdiction du régime de Vichy pour les juifs d'exercer une profession artistique.
La première publication en volume des poèmes de Jacques Prévert est clandestine. Elle est effectuée pendant l'occupation allemande, sous une forme ronéotypée, par Emmanuel Peillet, professeur à Reims, et ses élèves, à partir de textes publiés dans diverses revues avant guerre.
Paroles paraîtra ensuite en 1946, avec le succès que l'on sait. D'autres recueils suivront, assurant pour longtemps la renommée de celui qui jouait avec les mots pour mieux révéler les images de la vie.

LES ENFANTS DU PARADIS

Jacques Prévert indique que le sujet du film *Les Enfants du paradis* de Marcel Carné, avec Arletty, Jean-Louis Barrault, Pierre Brasseur et Marcel Herrand, a été trouvé par hasard, sur la Promenade des Anglais : « C'est Jean-Louis Barrault, dans un café à Nice, qui nous a dit, à Carné et à moi : « Pourquoi ne feriez-vous pas un film sur les Funambules... la Pantomime... le Boulevard du Crime... Debureau... etc. ? » »[2] Il s'attelle alors à l'écriture du scénario et des dialogues pendant six mois à l'auberge du Prieuré, à Tourettes-sur-Loup.

Le 16 août 1943, le tournage commence aux studios de la Victorine à Nice. Mais rapidement, un télégramme de Vichy ordonne à l'équipe de regagner Paris. Un débarquement des Alliés à Gênes serait imminent... Il n'en est rien, mais le tournage ne reprendra que l'année suivante. Malgré cette interruption et des conditions de travail difficiles, le film, qui ne sera présenté au public qu'en mars 1945, reste l'un des plus grands chefs-d'œuvre du cinéma français.

Paroles

« Verba volant, scripta manent », dit la locution latine. Pour Jacques Prévert, c'est l'inverse. Il déclare lors d'une interview publiée en mai 1946 dans le journal *Samedi-Soir* : « Il n'est pas vrai que les écrits restent, ce sont les paroles. »[3] Ainsi, certains poèmes de son premier recueil, dont le titre n'a donc pas été choisi au hasard, ont-ils été mis en musique par Joseph Kosma puis chantés, tels notamment *Chanson des escargots qui vont à l'enterrement* par Les Frères Jacques, *Je suis comme je suis* par Juliette Greco ou encore *Barbara* par Yves Montand.

1, 2 Jacques Prévert, interview parue dans *Action*, avril 1945
3 Jacques Prévert, interview publiée dans le journal *Samedi-Soir*, mai 1946

La Côte d'Azur de Jacques Prévert

Jacques Prévert arrive à Nice en 1940. Il gagne ensuite Saint-Paul de Vence et Tourrettes-sur-Loup. Il a déjà évoqué la Côte d'Azur dans le film *Le jour se lève* : « François : - Monte-Carlo, Villefranche-sur-Mer, Nice, la Promenade des Anglais. À ce qu'il paraît c'est tout ce qu'il y a de plus chouette la Promenade des Anglais. (…) Françoise : - Là-bas, il y a toujours du soleil et des fleurs, même en hiver. Des mimosas. »[4]

Nice - les Studios de la Victorine

Certains films écrits par Jacques Prévert seront tournés aux Studios de la Victorine, comme par exemple *Ernest le Rebelle* de Christian-Jaque avec Fernandel en 1938 (le poète signe l'adaptation et les dialogues mais ne sera pas crédité au générique), *Les Visiteurs du soir*, *Lumière d'été* de Jean Grémillon avec Pierre Brasseur en 1943, et *Les Enfants du paradis*.

Studios Riviera (ex-Victorine),
16 avenue Edouard Grinda

Antibes

« Vient la guerre, raconte Marcel Carné. (…) J'ai rejoint Prévert à Antibes qui ne voulait pas vivre dans le Paris occupé. Je lui propose un film historique, parce qu'à cette période on ne pouvait pas envisager de parler de l'amour libre. Il me demande quelle époque j'aimerais traiter. Je lui ai dit : « Je vais bien t'épater, j'aimerais traiter le Moyen Âge, mais un Moyen Âge flamboyant ». Ça a donné naissance aux *Visiteurs du soir*. »[5] En novembre 1941, Jacques Prévert écrit le scénario et les dialogues du film à la Garoupe au Cap d'Antibes, à l'hôtel La Bouée.

Il habitera plus tard un appartement sur les remparts d'Antibes auquel il sera très attaché. Il y reviendra d'ailleurs tous les étés entre 1960 (année ou il écrit le texte *La Visite au château* dont un passage suit) et 1969.

> « Vous prenez le Métroantipolitain
> à la Porte du Port
> ou bien au Fort-Carré.
> Vous changez rue de Sade

au Rond-Point du Marquis
et descendez place du Barri… (…)
Comme autrefois sur les remparts
brille le soleil de l'amitié. »[6]

Saint-Paul de Vence

À partir de 1940, Jacques Prévert passe beaucoup de temps à Saint-Paul de Vence. Il y loue bientôt une villa et fréquente La Colombe d'Or (qui deviendra le titre d'un poème dans le recueil *Fatras*). C'est dans ce village qu'il écrit notamment les dialogues du film *Les Amants de Vérone* en 1948.
En 1941, il séjourne à l'hôtel de la Résidence pendant le tournage du film *Le soleil a toujours raison* de Pierre Billon, dont il signe l'adaptation et les dialogues. Il rencontre alors le poète André Verdet, auquel il rend hommage en juillet 1943 :

« C'est à Saint-Paul de Vence que j'ai connu André Verdet
c'était un jour de fête
et Dieu sait si les fêtes sont belles dans le Midi (…) »[7]

La Colombe d'Or,
1 place du Général de Gaulle

4 Jacques Prévert, *Le jour se lève* de Marcel Carné, 1939
5 Marcel Carné, interview parue dans *Le Magazine Littéraire* n°355, juin 1997
6 J. Prévert, « La visite au château », *Œuvres complètes II*, Gallimard, Bibliothèque de la Pléiade, 1996
7 J. Prévert, « C'est à Saint-Paul-de-Vence… », *Œuvres complètes I*, Gallimard, Bibliothèque de la Pléiade, 1992

Cagnes-sur-mer

Le texte *Cagnes-sur-Mer* paraît dans *Défense de la paix* en 1954, tandis que Jacques Prévert réside à Saint-Paul de Vence.

> « Cagnes-sur-Mer
> Soleil de novembre et déjà de décembre et bientôt de janvier
> Fête de la Jeunesse et de la Paix
> Eaux claires de la lune
> Dansez sur les galets (…) »[8]

Cannes

Jacques Prévert écrit ce texte en 1951, deux jours après la présentation du film *Los Olvidados* de Luis Buñuel à Cannes.

> « La dernière fois que j'ai vu Luis Bunuel
> c'était à New York en 1938 et en Amérique du Nord
> Je l'ai vu avant-hier soir à Cannes
> de très loin et de très près
> Il n'a pas changé (...)
> La dernière fois que j'ai vu Luis Bunuel
> c'était à Cannes un soir sur la Croisette (…) »[9]

8 Jacques Prévert, « Cagnes-sur-Mer », *Œuvres complètes I*, Gallimard, Bibliothèque de la Pléiade, 1992
9 Jacques Prévert, « Los Olvidados », *Œuvres complètes I*, Gallimard, Bibliothèque de la Pléiade, 1992
10, 11 Jacques Prévert, *Vignette pour les vignerons*, Éditions Falaise, 1951

Saint-Jeannet

« Et le beau temps s'étale sur le Baou »[10]... À l'automne 1950, Jacques Prévert écrit un long poème pour la fête des vendanges de Saint-Jeannet, dont voici un extrait :

« Et tout ce que je souhaite
c'est que la fête se termine en beauté
Et que les verres se lèvent encore
quand le soleil depuis longtemps sera couché
et que le bon vin ramène
ceux que le bon vent a amenés
aujourd'hui ici même
à Saint-Jeannet »[11]

Jacques Prévert en quelques dates

1900 : naissance à Neuilly-sur-Seine
1936 : *Le crime de Monsieur Lange* de Jean Renoir (scénario et dialogues)
1937 : *Drôle de drame* de Marcel Carné (adaptation et dialogues)
1938 : *Le Quai des brumes* de Marcel Carné (adaptation et dialogues)
1939 : *Le jour se lève* de Marcel Carné (adaptation et dialogues)
1942 : *Les Visiteurs du soir* de Marcel Carné (scénario et dialogues)
1945 : *Les Enfants du paradis* de Marcel Carné (scénario et dialogues)
1946 : *Paroles*, Éditions Le Point du Jour
1946 : *Les Portes de la nuit* de Marcel Carné (scénario et dialogues)
1947 : *Contes pour enfants pas sages*, Éditions du Pré aux Clercs
1949 : *Les Amants de Vérone* d'André Cayatte (adaptation et dialogues)
1951 : *Spectacle*, Gallimard, Collection Le Point du Jour
1955 : *La Pluie et le Beau Temps*, Gallimard, Collection Le Point du Jour
1963 : *Histoires et d'autres histoires*, Gallimard, Collection Le Point du Jour
1966 : *Fatras*, Gallimard, Collection Le Point du Jour
1977 : mort à Omonville-la-Petite (Manche)

ANTOINE DE SAINT-EXUPÉRY

Écrivain de génie, Antoine de Saint-Exupéry a signé parmi les plus beaux textes de la littérature française du XXe *siècle. Aviateur, il fut l'une des figures emblématiques de l'Aéropostale qui a ouvert de nombreuses lignes à bord d'appareils de fortune dans des régions hostiles. Pilote de guerre, il a ensuite servi la France avec la plus grande ferveur lors de la Seconde Guerre mondiale.*
Surtout connu comme l'auteur du conte Le Petit Prince*, traduit en 160 langues, et vendu à 80 millions d'exemplaires à travers le monde, Antoine de Saint-Exupéry aimait se réfugier sur la Côte d'Azur où habitait sa famille.*

En quelques mots

Pour Antoine de Saint-Exupéry, écrire et voler, c'est tout un. Réussir un atterrissage difficile s'apparente au vertige ressenti devant une page achevée, après maintes corrections. Depuis tout petit, il compose des textes. Son premier contact avec l'aviation arrive peu après. Il a échappé à la vigilance de sa mère et s'est rendu en vélo sur un aérodrome situé à quelques kilomètres où il certifie qu'il a son autorisation pour effectuer son baptême de l'air. En 1926, il entre chez Latécoère qui deviendra l'année suivante la Compagnie Générale Aéropostale. Rapidement, la ligne Toulouse – Casablanca – Dakar lui est confiée. À partir d'octobre 1927, chef d'aéroplace à Cap Juby (Maroc), il rédige *Courrier Sud* dans la solitude du désert, puis *Vol de nuit*, couronné par le prix Femina 1931, lorsqu'il devient directeur de l'exploitation de l'« Aeroposta Argentina », compagnie filiale de la société. En 1939, *Terre des hommes* constitue un ouvrage si magnifique qu'il reçoit le Grand Prix du Roman de l'Académie française, bien qu'il ne s'agisse pas d'un roman.
Puis, c'est la guerre. Antoine de Saint-Exupéry est nommé instructeur. Il multiplie les démarches pour s'engager sur le front, ce qui lui sera accordé, malgré son âge avancé et sa santé précaire. Le 31 juillet 1944, lors d'une mission de reconnaissance, son avion disparaît au-dessus de la Méditerranée. Ce jour-là, le ciel a gagné sa plus belle étoile.

MORT POUR LA FRANCE

Démobilisé le 31 juillet 1940, Antoine de Saint-Exupéry est rappelé, sur sa demande, le 1er avril 1943. Il quitte aussitôt les États-Unis pour rejoindre le groupe de reconnaissance II / 33, auquel il appartenait au début de la guerre, désormais transformé sur Lightning P38. Mais l'écrivain n'est pas autorisé à voler sur ce modèle car il aura bientôt quarante-trois ans. Il obtient finalement une dérogation après maintes requêtes, et commence enfin l'entraînement. Il est nommé commandant le 25 juin, mais de nouveaux obstacles apparaissent. Il est trop grand pour l'habitacle de l'avion (il mesure 1 mètre 94 et la taille maximum est de 1,90 m), et ses besoins en oxygène sont supérieurs à la moyenne. De plus, son épaule gauche est à demi paralysée à cause d'un accident survenu au Guatemala. Il ira alors jusqu'à se faire connaître auprès d'Eisenhower, puis auprès du général Eaker, commandant en chef des Forces Aériennes Alliées en Méditerranée (MAAF), qui devant son insistance, lui offriront finalement gain de cause. Comme l'a écrit Jules Roy, « c'était un de ces hommes qui ne croient à la vertu des mots que lorsqu'ils y engagent leur vie en otage »[1]. Après plusieurs missions périlleuses (les avions de reconnaissance ne possèdent aucun dispositif d'armement), Antoine de Saint-Exupéry disparaît en mer le 31 juillet 1944. Pour l'ensemble de son action, lui seront attribuées la Croix de Guerre 1939-1945 avec palmes, ainsi que la mention « Mort pour la France ».

Pilote de guerre

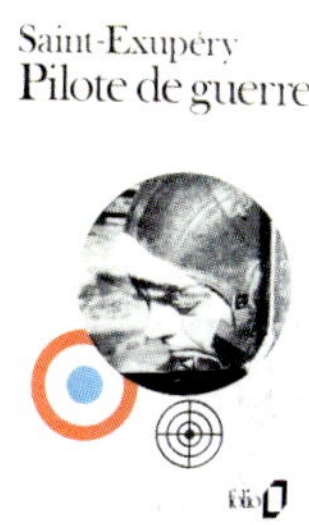

Après l'immense succès de *Wind, Sand and Stars*, la version américaine de *Terre des Hommes*, Antoine de Saint-Exupéry est chargé par ses éditeurs outre-Atlantique d'écrire un texte sur la défaite de 1940. Il choisit comme trame sa mission sur Arras du 23 mai, date à laquelle dix-sept équipages de son escadrille sur vingt-trois ont déjà été abattus. *Pilote de guerre* et sa traduction *Flight to Arras* sortent en février 1942 aux Editions de la maison française et chez Reynal & Hitchcock. Publié chez Gallimard à la fin de l'année, l'ouvrage est rapidement interdit par les autorités de Vichy. Deux éditions clandestines verront alors le jour, à Lyon en 1943, puis à Lille en 1944.

1 Jules Roy, *Passion et mort de Saint-Exupéry*, Julliard, 1964

La côte d'Azur d'Antoine de Saint-Exupéry

Tout au long de sa vie, Antoine de Saint-Exupéry a parcouru le monde. C'est cependant sur la Côte d'Azur qu'il s'est marié, qu'il a failli périr noyé, et qu'il venait se ressourcer auprès de sa famille.

Nice - villa El Mirador

Aux côtés de Jean Mermoz, Henri Guillaumet et Marcel Reine, Antoine de Saint-Exupéry a passé seize mois en Amérique du Sud à la conquête de nouvelles lignes. Il a rencontré là-bas Consuelo Suncin de Sandoval, une jeune salvadorienne fantasque. Celle-ci a hérité, de feu son mari, « El Mirador », une villa sur les hauteurs de Cimiez. Le couple s'y installe en février 1931. Tôt le matin, ils vont parfois au marché aux fleurs pour sentir les odeurs de la mer mêlées à celle des mimosas et des violettes. L'écrivain coupe et révise *Vol de nuit* qui obtiendra le prix Femina. Lorsqu'il repartira en Afrique, il se souviendra de la douceur de vivre dans la région : « Je ne puis plus entrer dans le Sahara avec cette réserve derrière moi d'une salle de bains, d'une bibliothèque, d'une image de congé à Nice. »[2]

Nice - la mairie

Antoine de Saint-Exupéry épouse civilement Consuelo à la mairie de Nice le 22 avril 1931. Depuis leur arrivée en France, ils partagent leur temps entre Agay (où a eu lieu leur mariage religieux) et leur villa de Cimiez.
En hommage à l'écrivain, une avenue et un parc ont été baptisés du nom de Saint-Exupéry dans le quartier de Rimiez.

Mairie de Nice, 5 rue de l'Hôtel de Ville

Agay - le château

Gabrielle dite « Didi », la sœur d'Antoine de Saint-Exupéry, a épousé Pierre d'Agay en octobre 1923. Le couple habite le domaine d'Agay où se dresse un superbe château. L'écrivain y séjourne régulièrement.
Le 24 décembre 1927, il écrit à sa mère qui rend alors visite à sa fille et à son gendre : « J'aimerais aller passer avec vous Noël à Agay. Agay est pour moi l'image du bonheur. (…) J'ai commencé un bouquin : il y a six lignes. Enfin c'est toujours ça. »[3] Il s'agit de *Courrier Sud*. Antoine de Saint-Exupéry est alors

chef d'aéroplace à Cap Juby, où il tient, en plus du rôle de pilote, celui de diplomate, puisqu'il doit à la fois maintenir des relations avec les Espagnols et surtout négocier avec les Maures qui prennent régulièrement les aviateurs en otage. D'ailleurs, en sauvant plusieurs fois certains de ses collègues tombés entre leurs mains, il sera nommé chevalier de la Légion d'honneur au titre du ministère de l'Air. Aussi, de ces régions éloignées et peu accueillantes, il voit Agay comme une petite oasis. Après l'Afrique, puis l'Amérique du Sud, c'est à nouveau là qu'il va se réfugier lors de son retour en France et qu'il finalise *Vol de nuit*.

En mars 1931, André Gide est en vacances à Agay. Il écrit dans son journal : « Grand plaisir à revoir Saint-Exupéry [...] ; il a rapporté de l'Argentine un nouveau livre et une fiancée. Lu l'un, vu l'autre. L'ai beaucoup félicité ; mais du livre surtout ; je souhaite que la fiancée soit aussi satisfaisante. »[4]

Le mariage religieux d'Antoine de Saint-Exupéry et de Consuelo est célébré le 12 avril en la chapelle d'Agay. Peu après, l'écrivain repart pour assurer la ligne Casablanca – Port Etienne.

Les années passent, et la guerre éclate. Démobilisé le 31 juillet 1940, après avoir combattu au sein du groupe de reconnaissance II / 33, il quitte l'Afrique du Nord, débarque à Marseille, puis se rend à Agay. Il y poursuit la rédaction de *Citadelle*, l'œuvre de sa vie, qui compte déjà plusieurs centaines de pages, et nécessite encore, selon lui, des années et des années de travail afin d'être structurée et réduite à l'essentiel. Malheureusement, le manuscrit sera loin d'être achevé lorsque Antoine de Saint-Exupéry sera tué en mission le 31 juillet 1944. Au cours des mois qui ont précédé ce funeste jour, il a tant rêvé de retrouver le calme et le silence pour mener à bien sa tâche, une fois la guerre terminée. Lors de ce dernier été à Agay, il en lit des extraits le soir aux enfants et aux adultes réunis dans le salon, passionnés par ce long poème qui a pour cadre le désert. Ensuite, il retourne dans sa chambre et se remet à l'ouvrage. Mais il lui faut partir. Rejoindre les États-Unis, car la guerre ne pourra se gagner sans eux. Au début de l'automne, il se procure un visa. Il arrive à New York à la fin de l'année.

Le château d'Agay est détruit par l'armée allemande en mai 1944. Mais le domaine existe toujours. Une plaque à l'entrée est visible sur le boulevard de la Baumette (prolongement du boulevard de la Plage).

2 Antoine de Saint-Exupéry, « Lettre à Yvonne de Lestrange », *Œuvres complètes II*, Gallimard, collection Pléiade, 1999
3 Antoine de Saint-Exupéry, « Lettres à sa mère », *Œuvres complètes I*, Gallimard, collection Pléiade, 1994
4 André Gide, *Journal II 1926 – 1950*, Gallimard, collection Pléiade, 1997

Agay - la fontaine du Petit Prince

Une fontaine dédiée au *Petit Prince*, placée entre deux oliviers, porte l'inscription d'une citation du conte : « … ne vous pressez pas, attendez un peu juste sous l'étoile ! Si alors un enfant vient à vous, s'il rit, s'il a des cheveux d'or, s'il ne répond pas quand on l'interroge, vous devinerez bien qui il est. » Elle est située au fond du parking extérieur (à gauche après l'entrée) du centre commercial La Bastide.
Une plaque apposée sur le phare de La Baumette rend aussi hommage à l'écrivain. Mais la tour appartenant à un domaine privé, elle n'est pas accessible aux visiteurs.

La fontaine du Petit Prince, Allée du Col du Rendez-Vous

Saint-Raphaël - la baie

Victime de la crise de 1929 et abandonnée par l'État français, l'Aéropostale a été absorbée au sein de la Société Centrale pour l'Exploitation des Lignes Aériennes (SCELA), devenue Air France en 1933. Antoine de Saint-Exupéry est alors pilote d'essai pour la Société de Constructions Latécoère. Privé des horizons lointains qu'il sillonnait ces dernières années, les jours et les manœuvres lui semblent bien monotones. Le 21 décembre, il doit conduire un hydravion Laté 293 dans le golfe de Saint-Raphaël. Mais au moment de l'amerrissage, un flotteur se brise et l'appareil

5 Antoine de Saint-Exupéry, *Terre des hommes*, Gallimard, 1939

se retourne. Prisonnier de l'habitacle et privé de lumière, l'écrivain sent l'eau monter jusqu'à son visage et sa dernière heure arriver. Heureusement, le mécanicien Gilbert Vergès, qui a réussi à sortir, parvient à démonter la porte de secours arrière. Antoine de Saint-Exupéry, à demi inconscient, est alors hissé sur un canot de sauvetage, puis ramené à son hôtel. Il reprend bientôt connaissance mais abandonnera définitivement le pilotage d'hydravions.

Cabris - les Fioretti

En 1932, Marie de Saint-Exupéry, la mère d'Antoine, vend sa propriété de Saint-Maurice-de-Rémens (Ain). C'est là que l'écrivain a grandi et, quelle que soit la partie du monde où il se trouvait alors, il a confié dans ses lettres l'attachement qu'il avait pour cet endroit. Et même dans *Terre des hommes*, il évoque à nouveau son domaine : « Il était, quelque part, un parc chargé de sapins noirs et de tilleuls, et une vieille maison que j'aimais. Peu importait qu'elle fût éloignée ou proche, qu'elle ne pût ni me réchauffer dans ma chair, ni m'abriter, réduite ici au rôle de songe : il suffisait qu'elle existât pour remplir ma nuit de sa présence. »[5] Aussi, c'est un véritable déchirement que de devoir abandonner tant de souvenirs.

Antoine de Saint-Exupéry, l'âme en peine, a demandé un congé exceptionnel pour aider sa mère à déménager. Elle habite d'abord à Cannes, puis s'installe en 1938 dans une maison à Cabris qu'elle appelle « Les Fioretti », en hommage à Saint François d'Assise. L'écrivain lui rendra visite à plusieurs reprises et la verra une dernière fois à l'automne 1940.

Si la maison « Les Fioretti », située promenade Saint-Jean, est une propriété privée et n'est donc visible que de l'extérieur, l'Office du Tourisme consacre cependant une vitrine à Antoine de Saint-Exupéry, présentant des objets lui ayant appartenu.

Antoine de Saint-Exupéry en quelques dates

1900 : naissance à Lyon
1929 : *Courrier Sud*, Gallimard
1931 : *Vol de nuit*, Gallimard, prix Femina
1939 : promu officier de la Légion d'honneur
1939 : *Terre des hommes*, Gallimard, Grand Prix du Roman de l'Académie française
1942 : *Pilote de guerre*, Gallimard
1943 : *Lettre à un otage*, Brentano's, New York
1943 : *Le Petit Prince*, Reynal & Hitchcock, New York
1944 : disparition au-dessus de la Méditerranée
1948 : *Citadelle*, Gallimard

Georges Simenon

Les chiffres qui accompagnent l'œuvre de Georges Simenon, le créateur du célèbre commissaire Maigret, sont vertigineux. L'écrivain belge est l'auteur de 192 romans (dont certains ont été écrits sur la Côte d'Azur), de 25 récits autobiographiques (dont 21 dictées), de 158 nouvelles et de plusieurs reportages sous son nom, ainsi que de 178 romans, 8 recueils de contes et nouvelles, et 20 contes, sous 27 pseudonymes différents. Il est traduit en 55 langues et a vendu plus de 550 millions d'exemplaires de ses livres.

En quelques mots

Georges Simenon livre ses premiers textes à *La Gazette de Liège*, journal catholique et conservateur, en 1919. Il écrit ainsi 1500 articles sous le pseudonyme de Georges Sim ou les initiales G. S., et plus de 700 billets d'humeur sous celui de Monsieur le Coq jusqu'en décembre 1922. « Pourquoi ai-je pensé au journalisme ? Probablement à cause de Rouletabille, qui était reporter dans les romans de Gaston Leroux »[1], déclarera-t-il bien des années plus tard. S'il publie par souscription *Au pont des Arches* en 1921, premier roman d'une longue série, il attendra 1930 pour signer de son vrai nom, avec la parution, dans l'hebdomadaire *Ric et Rac*, d'une enquête du commissaire Maigret.
Mais dix ans plus tard, il se croit condamné suite à une erreur de diagnostic qui a révélé une grave maladie cardiaque. Il entreprend alors la rédaction d'un récit autobiographique adressé à son fils Marc intitulé *Pedigree*. Le texte est publié en 1945 et rebaptisé *Je me souviens*... Puis il est transformé, sur les conseils d'André Gide, en roman à la troisième personne et paraîtra ainsi sous son titre original en 1948.
Après *Maigret et M. Charles* en 1972, Georges Simenon décide d'arrêter d'écrire. Il ne reprendra la plume qu'en 1980, après le suicide de sa fille Marie-Jo, âgée de 25 ans, survenu deux ans auparavant, pour *Mémoires intimes*. Comme son nom l'indique, ce récit est profondément personnel : « J'aime mieux être critiqué, même être détesté pour ce que je suis vraiment, que d'être aimé ou admiré pour ce que je ne suis pas »[2], confie-t-il à Bernard Pivot dans une longue interview peu après.

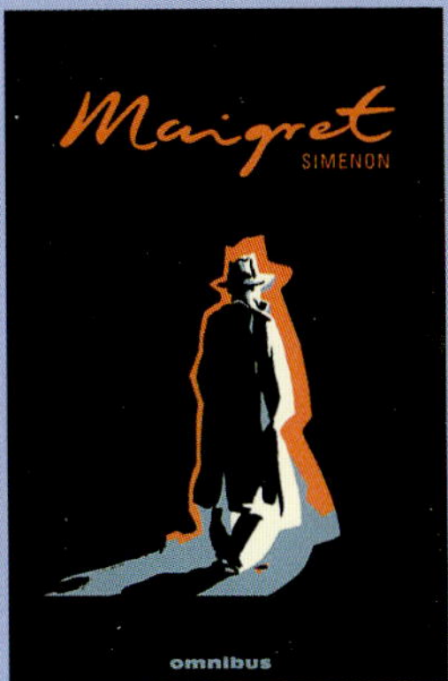

LE COMMISSAIRE MAIGRET

Le commissaire Jules Maigret a dirigé cent trois enquêtes, à travers soixante-quinze romans et vingt-huit nouvelles. Il apparaît d'abord dans quatre épisodes signés sous des pseudonymes (Georges Sim et Christian Brulls) écrits en 1929. Mais c'est *Pietr-le-Letton*, en feuilleton dans l'hebdomadaire *Ric et Rac* en 1930, qui atteste de sa naissance officielle, puisqu'il s'agit du premier Maigret sous patronyme.

L'écrivain a proposé la série policière à Fayard, projet qui n'a été accepté qu'à condition qu'il produise en parallèle des romans populaires. En février 1931 paraissent ainsi *M. Gallet décédé et Le Pendu de Saint-Pholien*. Le succès est immédiat. Trois ans plus tard, le célèbre commissaire est envoyé à la retraite dans la dix-neuvième enquête chez Fayard, intitulée tout simplement *Maigret*. Mais celui-ci réapparaîtra tout de même six fois chez Gallimard (sur cinquante-cinq titres) jusqu'en 1947, puis signera son grand retour avec les Presses de la Cité qui publieront cinquante nouveaux épisodes, cycle qui s'achèvera en juillet 1972 avec *Maigret et M. Charles*, 192e et dernier roman de Georges Simenon.

Liberty Bar

Le corps sans vie de William Brown a été retrouvé au Cap d'Antibes. Sa maîtresse et la mère de celle-ci ont tenté de fuir la villa qu'ils habitaient tous les trois jusqu'à ce jour funeste. Si lors de leur arrestation, les deux femmes prétendent ne pas avoir eu de nouvelles de lui ces derniers temps, un jardinier a découvert le cadavre enterré dans le jardin. Le commissaire Maigret, spécialement envoyé de Paris, est alors chargé de l'enquête. Ses investigations le mèneront notamment à Cannes, au Liberty Bar, établissement que la victime fréquentait régulièrement.

1 Georges Simenon, *Un Homme comme un autre, Presses de la Cité*, 1975 (Dictée n°1)
2 Georges Simenon, *Les monographiques d'Apostrophes*, Editrama, 1981

La Côte d'Azur de Georges Simenon

À l'instar de Maigret qui « toute sa vie, [...] s'était efforcé d'oublier les différences de surface qui existent entre les hommes, de gratter le vernis pour découvrir, sous les apparences diverses, l'homme tout nu »[3], Georges Simenon était un curieux insatiable, qui n'a eu de cesse de tendre à percer les tréfonds de l'âme. Pour mener à bien cette quête, il a multiplié les rencontres avec ses contemporains et parcouru le monde : la Belgique d'abord, où il est né et où il a grandi, de nombreux voyages aux quatre coins du globe qui ont donné naissance à des reportages, dix années aux États-Unis, la France qu'il a habitée longtemps, avec un attachement particulier pour l'île de Porquerolles et plusieurs séjours sur la Côte d'Azur, et enfin la Suisse où il a terminé ses jours (sa dernière maison était son 33e domicile).

Le Cap d'Antibes - Les Roches Grises

Georges Simenon réside à la villa Les Roches Grises dès le mois de décembre 1931. Il y écrit quatre romans pour Fayard, tous publiés dans la première moitié de l'année 1932 : *L'Ombre chinoise*, *L'Affaire Saint-Fiacre* (qui deviendra en 1959 un film intitulé *Maigret et l'affaire Saint-Fiacre*, mis en scène par Jean Delannoy, avec Jean Gabin dans le rôle du commissaire, et des dialogues de Michel Audiard), *Chez les Flamands* et *Le Port des brumes*.

Il crée toujours ses personnages à partir de gens rencontrés. Il emprunte l'allure de l'un, l'attitude de l'autre, le caractère d'un troisième, et mêle l'ensemble à des

souvenirs : lieux, lumière, odeurs, atmosphère. Ensuite, il rédige un chapitre par jour. Aux Roches Grises, il travaille aussi à l'adaptation cinématographique de deux de ses ouvrages sortis en 1931 : *La Nuit du carrefour* et *Le Chien jaune* qui seront réalisés par Jean Renoir pour le premier et Jean Tarride pour le second.

77 boulevard Gardiole Bacon

Antibes - place Macé

Les premières lignes de *Liberty Bar* décrivent l'arrivée du commissaire Maigret sur la Côte d'Azur, où il est accueilli par l'inspecteur Boutigues : « Cela commença par une sensation de vacances. Quand Maigret descendit du train, la moitié de la gare d'Antibes était baignée d'un soleil si lumineux qu'on n'y voyait les gens s'agiter que comme des ombres. »[4] Les deux hommes se rendent ensuite en fiacre place Macé (aujourd'hui place du Général de Gaulle) pour boire un anis au Café Glacier.

Place du Général de Gaulle

Le Cap d'Antibes - villa Bacon

Dans *Liberty Bar*, Maigret occupe, dans « un hôtel genre pension de famille, à mi-chemin du Cap et de la ville »[5], une chambre avec vue sur mer, d'où l'on voit aussi au loin les sommets enneigés. La propriété n'accueille plus de visiteurs. Elle est située sur la route qui longe le littoral, au cœur d'un parc verdoyant.

326 boulevard de Bacon

Anthéor - La Lézardière

En 1936, Georges Simenon habite la villa La Lézardière. Il y écrit *Chemin sans issue* qui paraît en feuilleton dans *Paris-soir* en septembre et octobre et sortira chez Gallimard en 1938. Une partie de l'intrigue a pour décor Golfe-Juan et le port d'Antibes. Le roman fut adapté au cinéma en 2006 sous le titre « La Californie ».

1100 / 1140 boulevard Eugène Brieux

3 Georges Simenon, *Maigret voyage*, Presses de la Cité, 1957
4, 5 Georges Simenon, *Liberty Bar*, Fayard, 1932

Mougins – La Gatounière

Après plusieurs années passées aux États-Unis, Georges Simenon rentre en France en 1955. Il séjourne d'abord à l'hôtel Miramar puis il habite, à partir du mois d'avril, le mas « La Gatounière » à Mougins, dont la vue donne sur le Vieux Cannes, l'Esterel et la mer : « C'est une villa provençale blanche aux tuiles rouges et aux volets verts, juchée sur une colline couverte de pinèdes »[6].
Comme la maison n'offre pas de bureau, Georges Simenon travaille dans une annexe composée d'une pièce sans fenêtre dont il laisse la porte ouverte pour admirer la baie et où figure le strict nécessaire : une machine à écrire sur une table de bois blanc, un lit de camp, et une armoire où se trouvent le carbone, les rames de papier, un dictionnaire et des annuaires téléphoniques. L'écrivain utilise en effet ces répertoires imposants issus du monde entier pour trouver les noms de ses personnages. Ensuite, il les note sur une enveloppe jaune double format, y ajoute leur âge, leur profession, les détails de leur physique, leurs relations (parents ou amis), et leur adresse. Et sur une chemise en carte de Lyon, il « trace, au crayon ou à l'encre, le plan de l'appartement ou de la maison »[7] qu'ils habitent afin de rendre leurs déplacements cohérents.
Le lendemain, la rédaction peut commencer. Autour de Georges Simenon sont disposés une boisson chaude et quelques pipes, des allumettes et un grand cendrier. Le premier chapitre est écrit en une seule fois. L'incipit accroche le lecteur, le cadre est posé, les protagonistes présentés. Et l'action évoluera au fur et à mesure de l'avancée du roman.
Seront rédigés à La Gatounière trois titres destinés aux Presses de la Cité : *La Boule noire* en avril 1955 et *Maigret tend un piège* en juillet qui paraîtront la même année, ainsi que *Les Complices* en septembre qui sortira en janvier 1956.

1102 avenue du Maréchal Juin

Cannes - villa Golden Gate

En octobre 1955, Georges Simenon s'installe dans la somptueuse villa Golden Gate sur les hauts de Cannes, où il résidera jusqu'au début de l'été 1957. Les pièces présentent de beaux volumes, son bureau donne sur un cloître où il peut se promener, et la vue de la maison s'ouvre sur la mer. À cette époque, il possède un caniche royal à la robe argentée ramené d'Amérique et prénommé « Mister ». Celui-ci fait la joie des enfants, et « obtient [bientôt] à Nice un premier prix de chien de police ! les journalistes, parlant de lui, écrivaient tous « Mystère » en croyant que ce nom lui avait été donné à cause de Maigret »[8], se rappelle Georges Simenon.

6, 7, 8 Georges Simenon, *Mémoires intimes*, Presses de la Cité, 1981

Sept romans naîtront à la villa Golden Gate, tous édités aux Presses de la Cité. Le premier, *En cas de malheur*, est rédigé en novembre 1955 et publié l'année suivante (il sera adapté au cinéma par Claude Autant-Lara en 1958, avec Jean Gabin dans le rôle principal). *Un échec de Maigret* est écrit entre février et mars 1956, et disponible dès le mois de septembre à la fois en feuilleton dans Le Figaro et en volume. *Le petit Homme d'Arkhangelsk* voit le jour en avril et paraît dans le mensuel Preuves en août et septembre, et dans les librairies à l'automne. *Maigret s'amuse* lui succède en septembre. Il est livré au public dans Le Figaro en février 1957 et en volume en mars. D'ailleurs, c'est dans ce roman qu'apparaît le docteur Jave. Celui-ci loue une villa pour six semaines, située « un peu en dehors de la ville, à mi-hauteur de la Californie »[9], justement là où Georges Simenon réside à cette époque : « C'est une bâtisse peinte en jaune, construite au début du siècle dans le style rococo qui florissait à l'époque. Le jardin, assez vaste, est planté d'eucalyptus et de pins parasols »[10].
Le Fils est rédigé en décembre 1956 et sort l'année suivante. *Le Nègre*, qui date d'avril 1957, est publié en feuilleton dans Le Figaro du 11 novembre au 5 décembre. Et enfin, *Strip-tease*, dont l'action se déroule à Cannes, écrit en juin 1957, sort en 1958. Pour ce dernier ouvrage, l'idée est venue de Georges Clouzot, qui a mis en scène *Les Inconnus dans la maison*, et qui accompagne parfois avec sa femme Vera le couple Simenon dans les boîtes de strip-tease. Le réalisateur souhaiterait faire un film sur le sujet mais l'écrivain, ne se sentant guère à l'aise dans l'écriture de scénarii, préfère alors opter pour un roman qui pourra servir de base d'adaptation pour le cinéma. Finalement, la sortie d'un film homonyme empêchera le projet de se réaliser.

Avenue de la Reine Elisabeth de Belgique

Cagnes-sur-mer - le Simple Abri

En juillet 1956, Georges Simenon et sa seconde épouse Denyse pendent la crémaillère d'une minuscule maison appelée le « Simple Abri », située dans le Haut-de-Cagnes, « dans une ruelle en pente interdite aux voitures, à un jet de pierre du palais des Grimaldi. »[11]
Sous la rampe en fer forgé de l'escalier est dessiné un « D » pour Denyse, comme les couverts en argent et le linge marqués aussi de cette initiale. L'intérieur est composé d'une vaste pièce et d'une mezzanine où se trouvent le lit et la salle de bains. Les meubles ont été conçus par un ébéniste de la région en vieux style provençal.
Un jour d'hiver, Denyse émet le souhait de passer un peu de temps dans sa maison. Georges Simenon téléphone aussitôt au restaurateur d'en face pour faire allumer le feu dans la cheminée, mais celle-ci s'embrase et détruit un morceau de plafond. Lorsque le couple arrive, la ruelle est barrée par les pompiers. Georges Simenon donne alors des instructions afin que les dommages soient réparés. Cependant, il n'y retournera jamais,

9, 10 Georges Simenon, *Maigret s'amuse*, Presses de la Cité, 1957
11 Georges Simenon, *Mémoires intimes*, Presses de la Cité, 1981

ignorant même si sa femme, dont il se séparera, fera un jour le voyage pour revoir cette « maisonnette aménagée avec tant d'amour », avec « tous les « D » inscrits partout. »[12] Le peintre Auguste Renoir, le père du réalisateur Jean Renoir dont Georges Simenon était l'ami, a lui aussi habité le Haut-de-Cagnes, au sommet de la colline du château. Sa maison est aujourd'hui devenue un musée consacré à sa vie et à son œuvre.

98 montée de la Bourgade

Cannes - hôtel Carlton

Georges Simenon préside le jury du Festival de Cannes en 1960. Il réserve alors au deuxième étage de l'hôtel Carlton un appartement spacieux qui donne sur la Croisette, dans lequel il a déjà séjourné. La Palme d'Or est attribuée à « La Dolce Vita » de Federico Fellini, que l'écrivain a ardemment défendu. Mais lorsque celui-ci l'annonce à la soirée de gala qui clôture les festivités, il est hué et sifflé. Vingt ans plus tard, Georges Simenon termine le récit de cette aventure par ces mots : « Content que Fellini, devenu mon meilleur ami, soit aujourd'hui considéré universellement comme le plus grand metteur en scène de notre époque »[13].

Hôtel Carlton,
58 boulevard de La Croisette

Nice - le Palais de Justice

Lorsque Petit Louis, le malfrat sans envergure du roman *Cour d'assises*, arrive à Nice, il découvre d'abord la place Masséna. Il accompagne sa nouvelle maîtresse, plus âgée que lui, une certaine Constance d'Orval, espérant pouvoir compter quelques temps sur sa générosité. Mais bientôt, celle qui a en fait pour véritable nom Ropiquet est assassinée. Petit Louis tente alors de s'échapper, de brouiller les pistes, mais il est rapidement rattrapé par la machine judiciaire qui isole ses actes et ses méfaits comme autant de pièces d'un puzzle qui le désigne comme coupable. Sa courte cavale se termine ainsi au Palais de Justice, à l'heure où « les petits bistrots sentaient le premier

12, 13 Georges Simenon, *Mémoires intimes*, Presses de la Cité, 1981
14, 15 Georges Simenon, *Cour d'assises*, Gallimard, 1941
16, 17 Georges Simenon, *La Fuite de M. Monde*, La Jeune Parque, 1945

café »[14] : « Petit Louis ne pouvait pas voir la baie des Anges qui, ce matin-là, était couleur de lavande, sans une ride, sans un bateau, sans rien pour la ternir, jusqu'aussi loin que l'œil pouvait voir. »[15]

Nice - le marché aux fleurs

Norbert Monde décide un jour de disparaître, quittant ainsi son épouse, ses enfants, sa maison, son entreprise et Paris. Il se rend alors dans le sud de la France. Après Marseille, il gagne Nice. En sortant de la gare, il rejoint la Promenade des Anglais : « Des candélabres, à l'infini. La vaste étendue de la promenade, le long de la mer, avec ses petits pavés jaunes et ses bancs déserts, des files de voiture devant les casinos et les palaces. »[16] *La Fuite de M. Monde* raconte l'errance d'un homme qui, transparent aux yeux des autres pendant quarante-huit ans, part à la recherche de lui-même : « Il traversa le marché aux fleurs, où l'on balayait déjà des brassées de tiges et de boutons, de pétales fanés qui prenaient une odeur de Toussaint. »[17] Le marché aux fleurs a lieu sur le cours Saleya, dans le Vieux Nice.

GEORGES SIMENON EN QUELQUES DATES

1903 : naissance à Liège (Belgique)
1921 : *Au pont des Arches* (Georges Sim), Imprimerie Bénard
1930 : *Pietr-le-Letton*, premier Maigret sous patronyme, dans *Ric et Rac*
1931 : *M. Gallet décédé*, premier Maigret en volume, Fayard
1932 : *L'Affaire Saint-Fiacre* et *Liberty Bar*, Fayard
1933 : *Les Fiançailles de Mr. Hire*, Fayard
1937 : *Le Testament Donadieu*, Gallimard
1940 : *Les Inconnus dans la maison*, Gallimard
1941 : *Cour d'assises*, Gallimard
1942 : *Cécile est morte*, *Les Caves du Majestic*, Gallimard
1945 : *La Fuite de M. Monde*, La Jeune Parque
1948 : *Pedigree*, Presses de la Cité
1949 : *Les Fantômes du chapelier*, Presses de la Cité
1951 : *Les Mémoires de Maigret*, Presses de la Cité
1954 : *Maigret et la jeune morte*, *L'Horloger d'Everton*, Presses de la Cité
1965 : *Le Petit Saint*, Presses de la Cité
1968 : *L'Ami d'enfance de Maigret*, Presses de la Cité
1972 : *Maigret et M. Charles*, Presses de la Cité (dernier roman sous patronyme)
1974 : *Lettre à ma mère*, Presses de la Cité
1981 : *Mémoires intimes*, Presses de la Cité
1989 : mort à Lausanne (Suisse)

ANTON TCHEKHOV

Anton Tchekhov s'est toujours appliqué à rédiger des textes courts puisque, disait-il, « la brièveté est sœur de talent ». Ses nouvelles sont empreintes de sobriété et de simplicité. Et ses pièces, dont la plupart ne comportent qu'un seul acte, sont dénuées d'artifice et de héros. Témoin de son époque, tentant d'être aussi objectif qu'un chimiste, il est considéré par ses contemporains comme le précurseur d'une forme nouvelle de théâtre. Il fut d'ailleurs l'un des premiers écrivains russes à pressentir que la révolution était inévitable, évoquant l'atmosphère à la fois finissante et frémissante d'une société en pleine transformation.
Anton Tchekhov a séjourné à quatre reprises à Nice. C'est là, notamment, qu'il a achevé Les Trois Sœurs.

En quelques mots

Lorsque sa famille fuit à Moscou parce que son père est ruiné, Anton Tchekhov n'a que seize ans. Il reste néanmoins à Taganrog et subsiste en donnant des leçons particulières. Il rejoint ses parents trois ans plus tard, en 1879, pour entreprendre des études de médecine. Il publie rapidement sa première nouvelle dans un journal humoristique, puis collabore à d'autres revues. En 1886, son deuxième recueil intitulé *Récits bariolés* lui apporte un début de célébrité. Il mènera ainsi parallèlement sa carrière de praticien et sa carrière d'écrivain. Et même lorsque la littérature lui apportera des revenus suffisants, il poursuivra les consultations à titre gratuit.
Mais la tuberculose qui le ronge ne lui laisse aucun répit. Dès 1889, il part se soigner à l'étranger. Il a déjà écrit les pièces de théâtre *La Mouette* et *Oncle Vania* lorsqu'il est élu à la section des Belles-Lettres de l'Académie des Sciences en 1900. Cependant, il renonce à son titre en 1902 pour protester contre l'éviction de Maxime Gorki. Au début de l'été 1904, il se rend à Badenweiler, en Allemagne. Le 2 juillet, il se réveille dans la nuit et fait appeler le médecin. Après avoir prononcé les mots : « Ich sterbe » (je meurs), il boit une coupe de champagne qu'il a réclamée quelques minutes auparavant, se couche sur le côté, et s'endort pour toujours.

OLGA KNIPPER

Anton Tchekhov et Olga Leonardovna Knipper se sont rencontrés dans le cadre des répétitions du Théâtre d'Art. Ils entament en 1899 une correspondance qui durera jusqu'à la mort de l'écrivain. Elle est actrice et réside à Moscou, lui est contraint aux voyages pour soigner sa tuberculose. Elle profitera de l'été suivant pour lui rendre visite dans sa demeure de Yalta. Ils font alors plus ample connaissance, puis se marient en mai 1901. Les quelques huit cents lettres et télégrammes échangés sont mêlés de termes affectueux et de réflexions sur la littérature et la dramaturgie. En effet, la comédienne tient un rôle dans chaque pièce majeure d'Anton Tchekhov. Elle joue Arkadina dans *La Mouette*, Elena dans *Oncle Vania*, Macha dans *Les Trois Sœurs*, et enfin Lioubov dans *La Cerisaie*. Trop souvent séparée de son mari, Olga sera cependant présente à Badenweiler lorsque Anton Tchekhov rendra son dernier soupir. Elle lui survivra plus de cinquante ans.

La Cerisaie

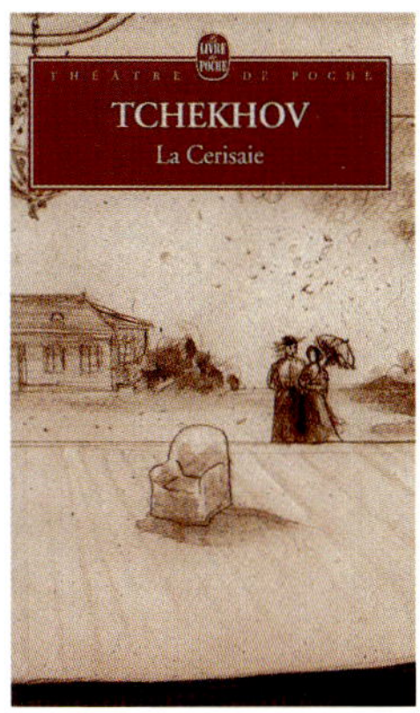

La Cerisaie, dernière pièce d'Anton Tchekhov, doit son titre au nom d'une vieille demeure familiale d'où l'on aperçoit, à travers les fenêtres, « tout un jardin blanc ininterrompu »[1]. Elle raconte l'histoire de Lioubov qui revient dans sa propriété russe au printemps, après cinq ans d'absence. Elle a dilapidé sa fortune auprès d'un amant français et pour faire face, il faudrait, afin d'éviter la vente aux enchères fixée au 22 août, qu'elle cède des parcelles de son domaine où des maisons seraient construites pour être louées. N'ayant pourtant guère le choix, elle refuse cette alternative. « La villa qu'elle avait près de Menton est déjà vendue, il ne lui reste rien, mais rien »[2], raconte Ania, sa fille de dix-sept ans. La date fatale approchant, Lioubov se rappelle avec nostalgie le faste d'un passé révolu.

La première représentation a lieu au Théâtre d'Art de Moscou le 17 janvier 1904, en présence de l'auteur.

1 Anton Tchekhov, *La Cerisaie*, « Lettre à Stanislavski, 5 février 1903 », Pocket, 1999
2 Anton Tchekhov, « La Cerisaie », *Œuvres I*, Gallimard, Bibliothèque de la Pléiade, 1967

La côte d'Azur d'Anton Tchekhov

À cause d'une maladie respiratoire qui s'avèrera être la tuberculose, Anton Tchekhov, sur l'ordre de ses médecins, effectue plusieurs voyages à l'étranger pour échapper au climat hostile de la Russie centrale. C'est ainsi qu'il fait étape à Nice quatre fois entre 1891 et 1901. C'est d'ailleurs cette destination qu'il choisit comme décor d'une partie de l'intrigue de *Récit d'un inconnu*. Il évoque la mer qui lui laisse une « impression merveilleuse, étonnante »[3], les promenades dans un square où a eu lieu un concert, ainsi que le Casino de Monte-Carlo. Cependant, ces exils obligés lui coûteront beaucoup puisque ses pièces sont présentées à Moscou, là où réside par ailleurs l'actrice Olga Knipper à laquelle il est très attaché.

Nice - hôtel Beau Rivage

Après un premier séjour de quelques jours à Nice en avril 1891 où il passe les fêtes de Pâques à l'église russe, Anton Tchekhov réside à l'hôtel Beau Rivage en octobre 1894. Une plaque à sa mémoire, où figure l'inscription « Antoine Tchekhov, 1860 – 1904. Le romancier et dramaturge russe, lors de son premier séjour à Nice en 1891, habita cette maison », est visible sur la façade donnant sur la mer.

Hôtel Beau Rivage, 24 rue Saint-François-de-Paule

Nice - Pension russe

En octobre 1897, Anton Tchekhov s'installe à la Pension russe où séjournent nombre de ses compatriotes. Quand il fait beau, il sort et va lire sur un banc (la presse russe, les journaux français, Voltaire et Maupassant) ou il va marcher le long de la Promenade des Anglais. Dans sa chambre du rez-de-chaussée dont la fenêtre s'ouvre sur le jardin, il écrit *Le Petchénègue*, *Dans son coin natal* et *En tombereau*[4]. Il s'intéresse à l'affaire Dreyfus et s'enthousiasme pour le *J'accuse* de Zola. Il quitte Nice en avril 1898.

Anton Tchekhov revient à la Pension russe en décembre 1900. Il trouve lors

de ce séjour une certaine sérénité. La température est clémente, la douce chaleur du soleil agréable. Il termine la pièce *Les Trois Sœurs*, tandis que les deux premiers actes sont déjà en répétition au

3 Anton Tchekhov, « Récit d'un inconnu », *Œuvres III*, Gallimard, Bibliothèque de la Pléiade, 1971
4 Traduction des titres selon Anton Tchekhov, *Œuvres III*, Gallimard, Bibliothèque de la Pléiade, 1971
5, 6, 7 Anton Tchekhov, *Correspondance avec Olga*, Albin Michel, 1991, lettre du 2 janvier 1901

Théâtre d'Art de Moscou. Dans une lettre du 2 janvier 1901, il suggère à Olga Knipper, qu'il épousera quelques mois plus tard, de jouer le rôle de Macha tout en nuances : « Les gens qui portent en eux le chagrin depuis longtemps ont fini par s'y habituer, ils sifflotent seulement de temps en temps et sont souvent pensifs. »[5] Il ajoute un peu plus tard qu'elle doit se montrer plus juvénile et plus vivace que dans *Oncle Vania*[6]. Mais peu à peu, la lassitude le gagne. Il n'a plus guère envie d'écrire. Il a l'impression d'avoir vieilli. Il voudrait arrêter quelques années et voyager. Il part pour l'Italie à la fin du mois de janvier 1901.

Après avoir changé plusieurs fois de propriétaire, la Pension russe est devenue aujourd'hui l'hôtel Oasis. Une plaque a été apposée en hommage à l'écrivain.

Hôtel Oasis, 23 rue Gounod

Monte-Carlo - le Casino

Alors qu'il réside à la Pension russe, Anton Tchekhov achète en mars 1898 une roulette avec son ami Potapenko afin d'en étudier le fonctionnement et de s'adonner au calcul des probabilités. Mais lorsque le soir venu, les deux hommes se rendent au Casino, la chance ne leur sourit guère. Ils perdent tous les deux, Potapenko beaucoup, et Tchekhov un peu.

Lorsque celui-ci revient une dernière fois sur la Côte d'Azur, il écrit à propos des Trois Sœurs : « Si la pièce fait un four, je vais à Monte-Carlo et me ruine là-bas jusqu'à la corde »[7]. La première représentation aura lieu le 31 janvier 1901 au Théâtre d'Art de Moscou. Anton Tchekhov est alors en Italie. Il reçoit un télégramme qui lui annonce le grand succès remporté par son œuvre.

Casino de Monte-Carlo, Place du Casino, Principauté de Monaco (tel : + 377 98 06 21 21)
Ouvert tous les jours à partir de 14 h, tenue correcte exigée

Anton Tchekhov en quelques dates

1860 : naissance à Taganrog (Russie)
1880 : *Lettre d'un propriétaire du Don à son savant voisin*
1886 : *Récits bariolés*
1887 : *Dans le crépuscule*, prix Pouchkine en 1888
1888 : *La Steppe*
1893 : *Récit d'un inconnu*
1896 : *La Mouette*
1899 : *Oncle Vania*
1899 : *La Dame au petit chien*
1901 : *Les Trois Sœurs*
1904 : *La Cerisaie*
1904 : mort à Badenweiler (Allemagne)

Didier Van Cauwelaert

Depuis son plus jeune âge, Didier van Cauwelaert prend un malin plaisir à mettre en scène la réalité. Pour épater ses camarades de classe, il réinventait déjà sa vie dans la cour de l'école, prétendant être le fils illégitime du roi Baudouin de Belgique !
Niçois d'origine (comme son nom ne l'indique pas), il revient régulièrement dans la ville azuréenne pour se ressourcer. Conteur enthousiaste et généreux, il est l'auteur d'une vingtaine de romans.

En quelques mots

Didier van Cauwelaert a sept ans lorsque son père menace de se tirer une balle dans la tête s'il est condamné au fauteuil roulant après un grave accident de voiture qui l'a laissé handicapé. L'enfant décide alors de devenir écrivain afin de subvenir aux besoins de sa famille. Heureusement, son père remarchera. Et il vivra même jusqu'à la veille de ses quatre-vingt-onze ans ! Mais Didier van Cauwelaert n'abandonnera pas ses rêves de littérature pour autant. En vacances en Savoie, il se lie d'amitié avec la veuve de Daniel-Rops et accède, émerveillé, au bureau de l'écrivain : « Un vieux pavillon en arcades, à l'écart du château, où une immense table de monastère partageait l'espace avec des carapaces de tortues – sa passion. »[1]
Quelques années après, en 1982, son premier roman est publié aux Éditions du Seuil. Mais c'est avec Albin Michel que Didier van Cauwelaert obtiendra le prix Goncourt en 1994 pour *Un aller simple*. Touche à tout, curieux insatiable, il écrit aussi des pièces de théâtre (mention spéciale pour *Le Nègre*), des scénarii, et des livres pour la jeunesse. Il s'intéresse de près à la vie après la mort, et plus particulièrement à une possible communication entre vivants et défunts, préfaçant deux témoignages sur le sujet, et relatant l'émotion qu'il éprouva notamment en découvrant que la bougie soufflée à la mémoire de son père, le lendemain de son enterrement, s'était rallumée mystérieusement dix minutes plus tard[2].

— INTERVIEW DIDIER VAN CAUWELAERT —

Nous avons rencontré Didier van Cauwelaert le 13 juin 2009. Disponible et toujours souriant, il nous a parlé de son attachement à Nice et des écrivains qu'il affectionne.

Qu'y a-t-il de niçois en vous ?
Une mémoire qui se réactive quand je reviens ici. Une mémoire réactivée par les lieux, par les gens. Et une mémoire réactivée dans mes livres, quand j'ai écrit sur Nice, même loin de Nice. Un Niçois, ce n'est pas quelqu'un qui est ficelé à un terroir. Nice est une vraie terre d'accueil, une terre qui s'est construite sur l'assimilation, le respect des différences, une ville où les exilés, quels qu'ils soient, se sont toujours sentis bien. Nice est une ville qui parle au cœur, qui parle à l'âme. C'est au travers de ces vibrations-là que je me sens niçois.

Quels sont vos lieux préférés à Nice ?
J'éprouve un sentiment particulier pour la colline du Château. Et je suis vraiment un homme de la mer, donc j'aime bien les plages, surtout en dehors de la ville. En hiver, quand il n'y a personne, je me baigne au pied de l'opéra. La vue y est magnifique. C'est une des plus belles vues de la Promenade. Et il est vrai que j'y ai des souvenirs très forts.

Retrouvez-vous aujourd'hui le Nice de votre enfance ?
Il y a des lieux comme la rue Alexandre Mari, où je suis né, qui sont restés quasiment à l'identique. Je me rappelle la première version du cours Saleya, c'est-à-dire le marché couvert. Le jour où la halle en ciment fut détruite et a ouvert la vue sur la colline du Château, ce fut magnifique. Pourtant, je n'aime pas que les choses changent. Le Vieux Nice est beaucoup plus propre que je ne l'ai connu dans mon enfance, sans avoir été dénaturé. Il reste de vrais magasins qui proposent de vrais produits, il reste la manière dont on prépare et vend la socca. Tout cela a été bien préservé, grâce aux gens qui ont su perpétuer l'authenticité.

Romain Gary était au lycée avec votre père. Et il y a ensuite l'épisode de « la Baie des Cendres ». Quel attachement portez-vous à cet auteur ?
Je l'ai d'abord découvert comme lecteur. C'est longtemps après avoir aimé passionnément Romain Gary dans toutes ses déclinaisons que mon père un jour m'a dit : « Ah, lui, quand même ! Qu'est-ce qu'il m'a énervé ! Nous étions

1, 2 *Le Père adopté*, Albin Michel, 2007

ensemble au Lycée Masséna et il a gagné contre moi au tournoi de ping-pong ! » Ils avaient des liens très forts. Mon père a même failli le suivre à Londres en 1940, mais il était déjà marié, chargé de famille, et ça n'a pas été possible pour des tas de raisons. Sans le savoir, j'avais aimé Romain Gary, et même au-delà de ses livres et de ses fictions, j'avais aimé l'être humain. Tout cela, je l'ai compris après.

Qui sont vos autres écrivains favoris ?
Honoré de Balzac, Marcel Aymé, Diderot, Dostoïevski, Chateaubriand, Frédéric Dard, Albert Camus… C'est très éclectique. Partout où il y a du talent et de l'humour pour apprivoiser la souffrance et lui donner une dimension au-delà du pathos.

Si vous deviez choisir un titre parmi vos ouvrages pour permettre à ceux qui ne vous ont pas encore lu de vous découvrir, quel serait-il ?
Ce serait *La Vie interdite*. C'est celui dont on me parle le plus car il éloigne de la plus terrible des peurs, la peur de la mort. C'est un livre qui a aidé les lecteurs, me disent-ils, dans des moments difficiles où ils ont dû faire face à la perte d'un proche, ou lorsqu'ils étaient eux-mêmes confrontés à la maladie. Cela leur a permis, non pas d'oublier la mort, mais de l'apprivoiser. Et quand on me remercie d'avoir donné ainsi un espoir sous forme de sourire, c'est le plus beau compliment qu'un auteur puisse recevoir. Lorsque la peur est remplacée par une espèce de connivence, on est plus fort que la mort à ce moment-là.

La Vie interdite

« Je suis mort à sept heures du matin. Il est huit heures vingt-huit sur l'écran du radio-réveil, et personne ne s'en est encore rendu compte. » Jacques Lormeau avait 34 ans, une famille, des amis. Et comme tout le monde, il ne voulait pas mourir. Il va alors rester du côté des vivants, passer un peu de temps auprès de sa femme et de son fils, tenter de manifester sa présence. Mais il est trop tard pour agir, pour dire combien il les a aimés et combien, désormais, il les aime peut-être encore davantage.

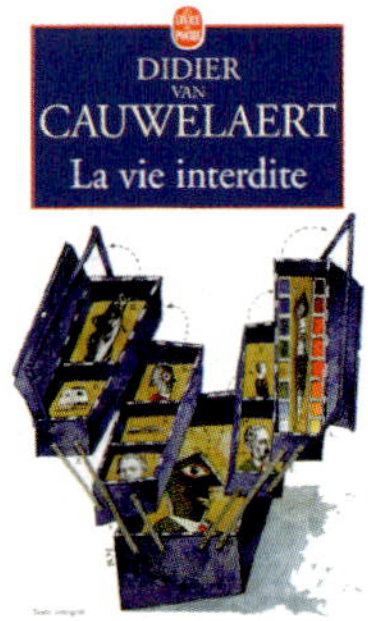

3, 4, 5, 6 *Le Père adopté*, Albin Michel, 2007

La côte d'Azur de Didier van Cauwelaert

Didier van Cauwelaert est régulièrement l'invité du Festival du livre de Nice, hommage légitime de la ville qui l'a vu grandir. Dans *Le Père adopté*, il évoque ses souvenirs de jeunesse.

Nice - rue de la Buffa

L'arrière-grand-mère et la grand-mère de Didier van Cauwelaert s'installent à Nice avec son père, alors enfant. Celui-ci, souffrant de rachitisme, avait besoin de soleil. Leur appartement est situé rue de la Buffa, derrière la Promenade des Anglais : « J'imagine votre vie à trois dans cet appartement sombre et un peu oppressant que j'ai connu jusqu'à mes huit ans. »[3], raconte l'écrivain. C'est aussi au bout de cette rue que se trouve une librairie dans laquelle il se rend avec sa grand-mère à l'occasion de son septième anniversaire. Le petit garçon a demandé *Les Habits noirs*, un roman d'aventures qui a été adapté pour la télévision. Mais le commerçant, au lieu d'accéder à son souhait, répond avec véhémence que ce n'est pas de la littérature, que ce sont vraiment de drôles de goûts. Devant cette attitude aussi peu appropriée que condescendante, la grand-mère s'emporte, attrape le libraire par le col, et lui intime l'ordre de donner immédiatement à son petit-fils le titre qu'il désire. Le marchand s'exécute sans ajouter un mot, puis emballe le cadeau dans un paquet. Elle paye, puis semble tout à coup démunie. Pour la défendre comme un chevalier défendrait sa belle, l'enfant, qui comprend son désarroi, lance avant de quitter la boutique : « Et ne recommencez jamais, espèce de salaud, compris ? »[4] Le libraire est abasourdi. Les deux acheteurs repartent le cœur léger, mais après quelques mètres, ils se rendent compte qu'ils ont oublié le livre… Didier van Cauwelaert accepte d'y retourner. La pièce est déserte. Il aperçoit l'objet sur le comptoir et s'en empare discrètement. Il court rejoindre sa grand-mère qui s'enquit de savoir quelle fut la réaction de l'indélicat. Il invente alors, « pour la beauté de la chute »[5], que celui-ci lui a dit : « Pardon et à bientôt. »

Nice - la plage au pied de l'opéra

« Ce n'est pas la plus belle plage du monde, cette étendue de galets mornes au pied de l'opéra de Nice, mais c'est là que l'imaginaire d'une autre m'a fait, à vingt ans, le plus inattendu des cadeaux. »[6] Hélène est étudiante en lettres modernes et prépare un mémoire où elle tente de démontrer que Romain Gary et Émile Ajar ne forment qu'un seul et même auteur (la vérité n'est à l'époque pas encore dévoilée). Elle apporte ce jour-là une boîte de chocolat en poudre dans laquelle elle a mélangé les cendres de *La Promesse de l'aube* et de *Gros-Câlin*, signés chacun sous un nom différent. Elle se déshabille, va rejoindre Didier van Cauwelaert dans l'eau, et répand son trésor

dans la mer. Les deux jeunes gens décident alors de se retrouver tous les ans au même endroit pour célébrer cet anniversaire. Hélène n'y revint jamais. Mais Didier van Cauwelaert honora ce rendez-vous des années durant. En solitaire.
Encore aujourd'hui, cette plage représente pour lui un refuge : « À Nice, dans ce lieu porte-conseil que j'appelle « la Baie des Cendres ». Là où toujours la vie me ramène en cas de tempête. »[7]

Opéra plage, 30 quai des États-Unis

Nice - le Théâtre

Jean-Paul Sartre

Alors élève au lycée D'Estienne-d'Orves (une vitrine dans le grand hall d'honneur présente aujourd'hui ses livres, sa photo et une plaque avec son nom surmontant les dates 1975 – 1978), Didier van Cauwelaert fonde une troupe. Les soirs de relâche, Jean-Pierre Bisson, le directeur du Théâtre de Nice, met sa grande salle à la disposition des amateurs dont il a apprécié les auditions. Emballé par le *Huis clos* des Compagnons d'Estienne-d'Orves, il programme la représentation pour trois semaines plus tard. Porté par la fièvre des répétitions, Didier van Cauwelaert oublie de demander l'autorisation de jouer la pièce à la SACD (Société des auteurs et compositeurs dramatiques) qui met sans attendre son veto par lettre recommandée. Son père, avocat, l'informe alors que l'auteur a le dernier mot, et l'encourage à écrire à Sartre. Celui-ci lui envoie un télégramme six jours plus tard :

> « Autorisation jouer *Huis clos*. Jean-Paul Sartre »

La SACD s'incline. Et la pièce est jouée. Le mois suivant, Didier van Cauwelaert reçoit via le théâtre la lettre suivante, dactylographiée :

> « Monsieur,
> Des amis ont vu votre *Huis clos*. Ils m'ont dit que la salle riait. Je pensais à l'époque avoir écrit une pièce drôle, on m'a persuadé du contraire. Merci de m'avoir, trente-trois ans plus tard, redonné raison. Bien à vous.
> Sartre »[8]

Théâtre National de Nice, Promenade des Arts

7, 8, 9 *Le Père adopté*, Albin Michel, 2007

Nice - hôtel Le Scribe

René van Cauwelaert, le père de l'écrivain, est arrêté à la Libération. Il est accusé d'avoir assassiné six partisans niçois. Il est alors emprisonné à l'hôtel Le Scribe, puis lavé de tout soupçon par le tribunal civil le 26 juin 1945. L'abbé Alfred Daumas et plusieurs résistants ont témoigné en sa faveur. René van Cauwelaert y organisera ensuite, avec Jean-Pierre Rudin, le plus grand libraire de la ville à l'époque, un cycle de conférences qui n'est que série de canulars où les protagonistes se présentent comme des inventeurs bafoués. Une manière d'effacer les mauvais souvenirs liés à ce lieu. « Là même où, quelques années plus tôt, l'on t'avait emprisonné, battu, menacé d'exécution sommaire au milieu des suspects qu'on fusillait. »[9] L'hôtel Le Scribe n'a gardé aucune trace du passage de René van Cauwelaert. Cependant, il accueille encore aujourd'hui des visiteurs.

Hôtel Le Scribe, 20 avenue Georges Clemenceau (coin rue Alphonse Karr)

Didier van Cauwelaert en quelques dates

1960 : naissance à Nice
1982 : *Vingt ans et des poussières*, Le Seuil, prix Del Duca
1983 : L'*Astronome* (théâtre), Actes Sud, prix du Théâtre de l'Académie française
1984 : *Poisson d'amour*, Le Seuil, prix Roger-Nimier
1986 : *Les Vacances du fantôme*, Le Seuil, prix Gutenberg du Livre 87
1991 : *Un objet en souffrance*, Albin Michel
1994 : *Un aller simple*, Albin Michel, prix Goncourt
1997 : *La Vie interdite*, Albin Michel, Grand Prix des lecteurs du Livre de Poche 1999
1997 : *Le Passe-Muraille* (comédie musicale), Molière 97 du meilleur spectacle musical
2001 : L'*Apparition*, Albin Michel, prix Science Frontières de la vulgarisation scientifique 2002
2005 : *Cloner le Christ ?*, Albin Michel (essai)
2007 : *Le Père adopté*, Albin Michel, prix Marcel Pagnol et prix Nice Baie des Anges
2009 : *La maison des lumières*, Albin Michel
2010 : *Les Témoins de la mariée*, Albin Michel

Au Hasard des Rues...

Promenades littéraires
sur la Côte d'Azur

Des lieux, des livres,
des écrivains...

et des interviews
exclusives

Auteur : Carine Marret

Docteur en Sciences du Langage, Carine Marret a enseigné la linguistique à l'Université durant cinq années. C'est à cette époque qu'elle a commencé à travailler dans l'édition, en tant qu'écrivain fantôme. Elle a depuis collaboré à une quinzaine d'ouvrages (romans, récits, essais, témoignages, biographies).
Passionnée de littérature et très attachée à la mémoire des lieux, elle a signé deux livres sur ce thème. Elle est aussi l'auteur d'un roman policier intitulé *Morte-saison sur la Jetée-Promenade* (Éd. Baie des Anges, 2011).

Direction éditoriale : Frédéric Boyer

Direction artistique : Julie Michel (etag)

Remerciements de l'auteur :
Michel Butor, Max Gallo, Raoul Mille et Didier van Cauwelaert, pour leur chaleureuse contribution
Ma famille, pour son soutien constant et ses précieux encouragements
Et ma jolie Redingote, petit rayon de soleil qui m'a accompagnée, fidèle, page après page

Site de l'auteur : http://www.carinemarret.fr

Remerciements de l'éditeur pour cette deuxième édition de l'ouvrage :
Henri Maccheroni, Bertrand Roussel, Jane Bradshaw, Isabelle Vallauri et Pierre Behar

Crédits photo : Carine Marret sauf mention contraire. Butor p.12 (B. Roussel) ; Fitzgerald : Zelda, p. 21 (rue des archives Bettmann / Corbis) ; photographie Gary et sa mère, p. 34 (collection Diego Gary) ; panorama place Garibaldi p. 26, panorama Saint-Martin-Vésubie p. 43, panorama Eze p. 71 et panorama Saint-Jeannet p. 81 (Pierre Behar - À vol d'oiseau) ; Nucéra : photo Cocteau, p. 73 (Jean Cocteau dans le « Testament d'Orphée », les Baux, 1959 - crédit Lucien Clergue - détail). Malgré nos recherches systématiques, nous n'avons pu identifier tous les auteurs des photographies reproduites. Leurs droits leur sont réservés.

Avertissement
Bien que notre objectif ait été de présenter des informations aussi exactes que possible et que l'auteur a elle-même parcouru la totalité des propositions de ce guide, nous ne pouvons légitimement garantir l'absence d'erreurs exceptionnelles.

MÉMOIRES MILLÉNAIRES
éditions

« Faire revivre notre patrimoine »

Éditions Mémoires Millénaires
Tél. : 04 93 17 75 52 - memoiresmillenaires@wanadoo.fr
7 rue Auguste Pégurier - 06200 NICE

www.memoiresmillenaires.com

Impression : Jobsgrafics
Dépôt légal : décembre 2011
ISBN : 978-2-919056-16-3

ALEMEAA